想象图书馆的未来:图书馆与信息机构情境规划

Steve O'Connor(欧书亭),Peter Sidorko(苏德毅) 著

李 丹 译

國家圖書館出版社
National Library of China Publishing House

图书在版编目（CIP）数据

　　想象图书馆的未来：图书馆与信息机构情境规划/（澳）欧书亭（Steve O'Connor），（澳）苏德毅（Peter Sidorko）著；李丹译.--北京：国家图书馆出版社，2017.12（2018.6重印）

　　书名原文：Imagine Your Library's Future：Scenario planning for libraries and information organisations

　　ISBN 978 - 7 - 5013 - 6141 - 0

　　Ⅰ.①想…　Ⅱ.①欧…　②苏…　③李…　Ⅲ.①图书馆工作—发展—研究　Ⅳ.①G25

　　中国版本图书馆 CIP 数据核字（2017）第 131578 号

　　本书最初由查杜斯出版社用英语出版于 2010 年。
This book was first published in the English Language by Chandos Publishing in 2010.

书　　名	想象图书馆的未来：图书馆与信息机构情境规划	
著　　者	Steve O'Connor（欧书亭），Peter Sidorko（苏德毅）著； 李丹译	
责任编辑	唐　澈	

出　　版	国家图书馆出版社（100034　北京市西城区文津街 7 号） （原书目文献出版社　北京图书馆出版社）
发　　行	010 - 66114536　66126153　66151313　66175620 66121706（传真）　66126156（门市部）
E-mail	nlcpress@ nlc. cn（邮购）
Website	www. nlcpress. com　→投稿中心
经　　销	新华书店
印　　装	北京鲁汇荣彩印刷有限公司
版　　次	2017 年 12 月第 1 版　2018 年 6 月第 2 次印刷

开　　本	880×1230（毫米）　1/32
印　　张	5.375
字　　数	140 千字

书　　号	ISBN 978 - 7 - 5013 - 6141 - 0
定　　价	48.00 元

谨以此书献给朱莉娅（Julia），感谢你的鼓励和启迪；感谢你为本书创作提供的灵感。

——欧书亭（Steve O'Connor）

谨以此书献给妮可尔（Nicole）、汉娜（Hannah）、玛雅（Maya），感谢你们赋予我想象力。

——苏德毅（Peter Sidorko）

致　谢

谨以此书献给我的同事们。感谢 CAVAL 主席戴维·琼斯(David Jones)教授的教诲,感谢苏·亨泽尔(Sue Henczel)的思想火花。尤其感谢我香港理工大学图书馆的同事们,他们坚信图书馆的未来并为之努力。

戴维·赫伯斯(David Hobbs)为书稿出版付出了艰辛的劳动。感谢约翰·杰塞普(John Jessup)为本书出谋划策。

感谢本书的另一作者苏德毅,感谢他的支持与鼓励。感谢多比·元(Debbie Yuen)耐心校正书稿,感谢罗莎·茜(Rosa She)的支持与组织。

我还要将此书送给我的儿子们:达米安(Damien)、多米尼克(Dominic)、布兰登(Brendan)和理查德(Richard)。我曾经认为我懂他们的未来,但是他们选择的道路却远远超越我的想象。

感谢所有人。

——欧书亭(Steve O'Connor)

关于作者

欧书亭(Steve O'Connor)在组织管理方面有着丰富的经验,其作品彰显出对科研与未来的关注,以确保图情服务的创造性、相关性、有效性与经济性。

欧书亭在变革管理、信息传递、情境规划以及信息环境等相关领域进行了大量的研究及教学工作,著述颇丰。他热衷于参与数字化服务的过程、联合体发展战略等。此前他曾在澳大利亚大学图书馆供职,同时还在联合体机构担任 CEO。

欧书亭当前研究领域为未来图书馆可持续发展的新模式。他是国际同行评议期刊《图书馆管理》(*Library Management*)和《图书馆管理(中国刊)》(*Library Management China*)的编委,在国际上具有一定知名度。

苏德毅(Peter Sidorko)自 2001 年以来担任香港大学图书馆副馆长,全面负责该馆公共服务、技术服务及开发。该图书馆包括一家总馆、六家分馆,约 240 名员工,馆藏 270 万册(件)并拥有丰富的数字资源。此外,他一直致力于图书馆变革。

苏德毅还是香港大学教育学院与继续教育学院合办的信息科学项目兼职讲师,讲授课程包括:变革与职业生涯发展、信息社会、信息政策、图书馆管理、现代图书馆管理与信息机构管理。苏德毅力主大学与科研图书馆进行有效的领导与变革。

目　录

图表、案例研究目录

图目录

表目录

案例研究目录

前　言

图书馆所处的环境正在日趋复杂：首先，网络无处不在；其次，来自于财政的压力；第三，人们不再认为图书馆的作用是不可替代的。确实，目前人们普遍认为图书馆已经过时了。

以上因素使得图书馆环境发生了巨大变化。图书馆管理者需要对环境有全新的认识。情境规划作为一种规划工具已经有很长时间的记载了，这种方式不提供具体的答案，但提供一系列的选择、提供全新的视角，适用于各类型图书馆及联合体机构。

情境规划是战略规划的先导，二者有明显的区别。情境规划是想象过程，规划了组织机构不同的未来路径，这个过程吸纳了不同层面的人员参与；而战略规划是管理工具，是分配资源的过程，相对刻板。

战略规划工具并不想象未来，一般是保持过去的面貌，是 20 世纪60—70 年代主要的规划工具，而非现代工具。现代的图书馆管理者需要进行情境规划。

关于本书

本书在图书馆未来规划方面是引人深思的，它为图情从业者提供了重新审视未来的工具，也向陈旧观念提出了挑战。书中的方法能够使读者受益：书中内容一部分来自近年来成功的情境规划实践，能够为读者进行情境规划提供启发。

本书内容如下：

第一章简要介绍何谓情境，以及情境对组织机构、投资者和员工的影响，为读者提供了规划未来可能的新方法以及多种方法的优点。

第二章描述了信息环境的复杂性。创建情境之前，必须了解环境的变化。本章运用多种工具阐述了外界的影响，而这些影响人们往往会忽视。这些都有助于读者理解情境本质及其影响。

第三章概述了图书馆和图书馆联盟的发展和特点以及过去、现在、未来的情形，尤其是我们的思维方式。本章开始讨论图书馆运营模式的变化。

联合体是近年来以满足单个图书馆在定价及其他方面的优惠政策而出现的。联合体目前也在整合，寻求发展。本章将探讨如何打破现有的模式，如何展示领导力，新方式的选择和设计等。

第四章阐述了情境规划的建立和执行过程中的选择问题。本章设置了相关练习以使大家建立选择意识。本章从运营、可变因素、成功要素以及过程最优化等方面探讨情境规划过程。本章内容还包括决策的影响、不能审时度势的影响等。

第五章旨在带来一种全新的思维方式，相关技巧也会在本章进行讨论。

第六章展示了理解情境的方式。

第七章是更加务实的一章，探讨如何使不同的人群认同并通力合作参与到情境规划的过程。需要注意的是，大多数过程都包含不同的情境，反映了图书馆不同的选择，如何处理不同的情境至关重要。

第八章将情境规划过程与实施计划联系起来，从政治与操作的角度探讨了当下及长短期行动方案。

第九章为案例研究。

第十章由苏德毅（Peter Sidorko）撰写。该章探讨了变革的实施与影响。虽然信息社会瞬息万变，成功的变革对于图书馆以及大多数组织机构来说都很困难。情境规划作为组织变革的主要策略，必须借鉴已有的成功要素，包括认识到问题的所在（即变革的原因）、愿景的设定、沟通以及嵌入变革。尽管有这些策略，实施过程也不能太过刻板。

第一章 何谓情境？

试想：若没有数字资源、计算机和因特网，图书馆将如何运行？

很难想象当今没有上述三种实体的世界，十年前它们还只是处于新兴阶段，十年以后将怎样呢？

本书将为您提供构建或想象未来的工具。

当我们谈论我们的个人假期或职业计划时，我们即在构建有关未来的故事。故事是行动的前提，这有助于我们对其未来进行描述。假如你能够重新规划图书馆的未来，你将如何应对？你是否知道变革的内容？你是否能够使相关利益群体及同事信服你所提出的变革方案？你是否有足够的自信选择正确的变革路径？

重要的是要认识到，制订实际行动计划之前需要构建故事，情境也是如此。我们应该为图书馆的未来创建许多故事。对于我们的组织来说，有着太多的故事。多数故事的传承方式都是口耳相传，而其他则记录于石刻、草纸或纸张。我们只是不愿意承认它们的存在，或者说它们和当前的运营风格是完全不同的。

作为一种了解文化和可能性的工具，故事的作用被大大地低估了。口传文化通过高超的技巧以故事为载体来延续，甚至被注入新的活力，属于特定的文化。这些故事传承了承载于其上的文化和历史。就像每一个家庭都有关于家族成员及历史的故事，图书馆同样有着自己的故事，展现了自己的作为和影响。置身于这种图书馆文化当中，我们倾向于相信这些故事的性质和真实性，而不必质疑。有些故事告诉我们图书馆位于我们的组织或社区的核心地带，还有些故事告诉我们图书馆是能够传播信息的唯一组织，而且出版是信息表现为文献或真实信息的唯一途径。这些故事，我们通常都毫不质疑地接受。本书致力于培育新的图书馆和图书馆员的故事。

情境是由信息和知识而构建的故事。这些故事将由读者通过书中描述的技术和方法想象出来。情境不拒绝过去的可能性，但明确允许新的可能性。情境规划是那些我们在行动之前所需要的东西。我们应当同意这样的事实，即我们存在选择的机会。这些选择可以在故事中得到展现，在确知图书馆未来方向之前，每个故事都可以被看作潜在的未来。但这其中需要我们的想象力、专业知识以及召唤我们的未来。

未来是非线性的

"我们正在创造未来，他说，几乎没有人怀疑我们正在创造怎样的未来。它就在这里！"

——H. G. 威尔斯(H. G. Wells)

通常看来，未来作为现在的简单延伸，是以线性关系持续下去的。现在和未来要做的事尽管有所差异，但并非截然不同。在通往未来的路上，我们对终将发生之事无能为力,而只是相信终将发生。以过去的线性的视角来观察,与其说从现在到未来是持续向前,倒不如说是向后看时得到的印象。通过对未来的期待和想象,我们到这个位置的路径已经完全线性。为了解释特定的事件,并将其置于一定的背景之下,认为这就是及时达到这一状态的最好方式,不过是将线性强加于历史。注意到线性的概念是有用的,它有助于我们记住我们所处的历史有着千疮百孔的决策点,这些决策形成的点或时间将直接影响着未来。如果将这些决策点收集起来,我们会很容易地看到,通往未来的路径不是笔直或线性的,它是由一系列决策构建起的路径,这些决策会直接影响下一个决策点的行程,相互作用,持续不断。

很难想象如何去改善我们目前的做事方式。这种思维方式适用于那些触及我们日常生活的诸多领域。我们可以参观艺术画廊,观赏诸多艺术表现形式,默默自省:"嗯,太有趣了。我无法想象还有比今天在画廊看到的更好的方式来表达感觉、情绪和对世界的看法。"人类的情感、想象力和对世界视角的范围简直是太不可思议了。不同年龄存在新的诠释和见解,这些见解往往包含了新方法和不同方式的萌芽,以应对社会、组织,甚至是文化所面临的挑战。顺便说一句,很多人认为,有时候最精辟的不同的艺术表现形式源于精神病发作或心理障碍。艺术家以不同的角度在"观察"这个世界。他们通过自己的想象力呈现世界,让我们能够"看"到他们所"看"到的世界。他们的艺术往往呈现给观众一个完全不同的观察世界的视角。

> 对未来越无知,当它来临且和预期有出入时,我们的反应就越强烈①。
>
> ——彼得·伯恩斯坦(Peter Bernstein)

我们看到最喜爱的运动员或体育代表团冲上运动巅峰,获得我们无法想象的体育功勋。他们不断刷新世界纪录,创造了无与伦比的壮举。我们简直无法想象人类的奔跑速度极限、游泳速度极限、人体承受极限,或者一个团队如何完胜对手。我们所面临的这些运动智能领域的卓越表现,将我们认为是可能的边界不断推向更远方。换句话说,我们不得不承认,我们过去一直认为不可能的东西现在居然成为现实。

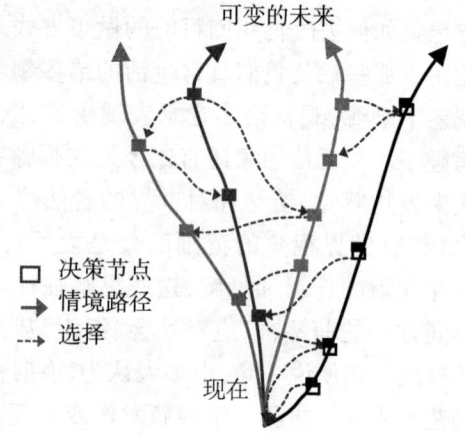

图 1-1 未来是非线性的

注:本图已获得 Ralph Godau 许可。

---

① Bernstein,P. (2009). *Australian Financial Review*,4-5 July,p. 40.

情境的价值

- 情境规划通常能够识别若干通向未来的不同的情境路径。
- 基于现状，每一个情境都有一定的时间点来决定是否做决策以继续或改变路径。
- 选择其他路径（数量及类型）的能力取决于既定路径及内外部环境因素。

练习：

我们每个人都会面临选择。值得一提的是，我们始终在不断地选择，非此即彼。有时候，我们的选择几乎没有影响，但有时候却会是一个重大的转折点。

第 1 部分

1. 想想你今天上班的交通方式。
2. 考虑一下下班回家的另一种方式。
3. 想想自己不得不改变的旅行安排。

第 2 部分

1. 注意一下那些本该选择的潜在影响。
2. 想想那些错过了航班、火车或公交的熟人的遭遇。
3. 你是否做过有可能产生较大影响的决定？

未来对图书馆的影响

互联网在不久的过去还只是蒂姆·伯纳斯－李(Tim Berners-Lee)脑海中的一个概念,但现在已经成为现实并产生了翻天覆地的影响。但它将会怎样去超越目前的影响呢?互联网技术在20世纪90年代初成为现实,我们曾经对这套类似于神经系统的网络产生过困惑。网络连接越发庞大和复杂。在早期阶段,我们根本不会期待互联网能够影响我们交流及传递服务和信息的方式。当我们开始通过电子邮件相互沟通,很快就变得依赖于这种通信模式。随后,很多曾经只能本地共享的应用如今扩展到以光纤与全球范围内的受众进行连通。从图书馆的角度来看,这种发展促进了图书馆目录的共享,进而到资源的数字化和共享,电子期刊文章的演变,数字馆藏直接自动地从提供商传输到用户端等乃至促进了开放存取运动①。显然,互联网对世界产生着深远的影响,影响我们的商务模式、相互关系模式、服务及内容传播模式。约舒亚·梅罗维茨(Joshua Meyrowitz)用他的名言"没有空间感"来描述电子介质对社会行为的影响,他或许也会用同

---

① 开放获取运动是开源运动的扩展。正如开源运动使得所有人都能够参与修改代码一样,图书馆界开始开放获取运动以使尽可能多的资源在因特网能够自由传播而不再是数据库商的专属资源。

样的语言描述因特网对于图书馆的影响①。因特网对我们的组织结构和机构的性质和需求,同样也在产生着快速深远的影响。房产中介当今都很少实地探访房屋而都是通过因特网完成的,图书馆也将其资源置于网络,因而需要更多的人员及技术实现这一点。我们的组织机构正在重塑,馆员也在重造或者聘用新员工。

因此,图书馆和信息服务步伐紊乱地追赶着我们周围的漩涡。当这些变化看起来是在持续不断地进行的时候,我们很难从这个大漩涡去看到外面的世界。事实上,唯一不变的就是变化。如果从规划角度来看变化是一个常数,这就很容易看到图书馆和信息服务人员面对变化是何等的疲倦、沮丧,甚至几乎是无法抗拒的。员工对待变化的反应可以说是被动的进攻姿态。如果他们不能参与甚至接触规划,而变化又要强加于他们的话,这种反应是可以理解的。

生活中我们面临的另一个问题是如何处理与技术的关系。我们的生活一直在迅速地向前发展,从硬盘黑胶唱片到盘式磁带,再到盒带,然后是CD、DVD,直到现在的虚拟资源。我们已经看到这些新型通信格式不断挤上信息高速列车。音乐格式是最早也是最简单的;电影格式则困难一些,但现在也通过其技术的自我变革发展到了以DVD格式存储和播放的程度。期刊的内容也已经从纸质方式发展到CD再到虚拟格式。电脑的架构很快在个人电脑方面开始了技术超越,从单机独立工作,到现在通过无线连接技术,更加创新、更有效率,越来越不依

---

① Meyrowitz,J. (1985). *No Sense of Place*. New York:Oxford University Press.

赖于现有的工作结构。从晶体管收音机，到使用盒带的随身听，到 iPod，再到现在无处不在的移动电话，我们已经看到了科技设备的发展。技术的影响不容小觑。如果允许的话，技术能够也可以很方便地改变基本商务方式。目前流行的一个例子是从手机访问在线目录，从而减少花费在图书馆的时间。

过去	现在	未来
黑胶唱片		
	卷轴带(20世纪50年代)	
	磁带(20世纪60年代)	
	CD(20世纪80年代)	
	DVD(2000年)	
	VHS(2005年以后停售)	
	蓝光带	
		未来音视频传递技术

图 1 - 2　技术的演进

马歇尔·麦克卢汉（Marshall McLuhan）是 20 世纪 60 年代加拿大文化和媒体大师。他将我们这个时代的文化和政治的塑造归因于电子媒体。当其他人选择回避的时候，不同的媒体更愿意接受变革。他认为每一种载体类型都将影响使用这种载体类型的人群。就像古登堡印刷使得个人学习不再孤立，思想传播也更为顺畅。麦克卢汉认为，我们都愿意以史为鉴。他的意思是说，我们对现在的认识是相对过去而言的。他还由此推论出来，我们无法应对未来，一直到未来来临。麦克卢汉使很多人以不同的方式来认识这些渗透在我们生活中的电子媒体。显然，他是一个技术专家，看到了技术是社会配置和变革的决定因素。如果说麦克卢汉取得了什么成就的话，那就是强调了交流媒介对社会的沟通和互动的影响。千百年来图书馆总是受到技术的影响，尤其是现在，当然未来更是如此。

很显然，实体图书馆向读者提供内容服务的技术已经影响了图书馆实体的角色定位。技术对图书馆的影响导致很多人认为图书馆在很大程度上已经无关紧要且即将被淘汰。这些批评经常伴随着这样的观点，他们认为图书馆只需要进行数字资源建设而其他业务已无关紧要。然而，我们却看到了图书馆正在逐步振兴，成为信息和创意交互的社会空间，这是一个复兴。但未来将往何处而去？对实体图书馆来说，下一轮技术发展的影响将会是什么？新型图书馆空间将会对图书馆服务的性质产生什么样的影响？庞大的遗留资料①将如何获取并提供服务？也许这些变化只是毫无目的地发生着。

在本章的开始，我们就开始探索，但我们的想象力受到了诸多限制，我们对未来的思考是对现在和过去的线性扩展。通常情况下，未来看起来就是一系列危机或乌托邦。中文里有个词语叫作"危机"，从字面上来看，这个词由两部分构成，"危"意味着"危险"，"机"意味着"机会"。对于未来来说，"危机"可能是一个非常合适的术语或描述。我们经常被某种危险的局面所欺骗，以至于看不到或者混淆了机会的存在。使用情境规划作为工具，有助于我们去正确对待机会。

---

① 遗留资料是指由于版权限制且无法找到版权持有人而导致无法数字化的资料，这代表了很重要的一部分资料。

以科幻方式预测到的未来

　　未来的概念可以描述为过去和现在的统一体。当然,如果不打算将其定义为一个让作家和思想家们永恒敬畏的概念的话,这个概念的描述其实是过于简单了。了解未来可能是什么样子、将会是什么样子,或者通过推理来影响预测结果的过程是令人振奋的事情。认为过去未来之间存在线性关系的概念同样有点用词不当。将我们社会的"进步"描述为从一点沿着预先规定的发展道路向前推进是很流行的说法。然而,公平地说,历史不会直线前进,我们的社会发展同样不是线性的。未来是通过不断发现、创新来实现的,也会取得意想不到的发展。未来也可能是倒退的,因此很难预测。

　　从柬埔寨波尔布特政权将文明倒退到可怕的野蛮形态显示出了未来的不可预测性;干细胞研究的有力进展似乎能够治愈如此多的遗传性疾病以及以前无法解决的人类健康问题。技术常常被看作是让我们的社会更强大更美好的救世主。通常情况下,新技术的发明会导致巨大的悲伤和绝望。核技术的问世即是如此,巨大的希望是因为核技术可以作为一种"清洁"的环保力量来提供能源,但绝望的是没有办法控制废料,而且,在邪恶势力手中,将会造成无法描述的巨大的伤害和痛苦。因此,进步并不意味着好或坏的价值,换句话说,既不好也不坏。如何去利用才决定它的道德视角。

　　本次讨论的焦点是强调新技术、新发展并不必然意味着好或者是有用。这不是异端邪说！新技术的用途决定了他们的价值。我们图书馆未来的良性发展也不仅仅依赖于技术本身。

西方传统的科幻文学充满了想象力。如作家 H. G. 威尔斯创造了时光机将人体运送到其他的世界,同时也向人们描绘了壮观和迷人的冒险之旅。H. G. 威尔斯提供了展望未来的一个新途径。在许多方面,他预测了未来的某些形态,也激发了我们对未来的想象力。他的经典著作《星际战争》(*War of the Worlds*)基于现有知识对其他世界的了解,并创造了一个全新的可能性和技术流派。《新科学家》(*New Scientist*)①杂志的一篇文章中问道:"科幻小说是否正在走向衰亡。"一位评论员指出,我们正生活在科幻小说所描述的未来当中。"我从科幻小说学到的最有用的东西是,所有的现在总是某些人的过去和另外一些人的未来"②。在情境构建和规划中至关重要的理解是,有许多观点对新的理解形成提供了有益的贡献。完美的知识是不存在的。信息不对称③的经济概念描述出这样一种发现,有些人对一些事情的了解比其他人更多。在很多意义上,这是一项毫不起眼的观察,但在经济思想上却是非常显著的论述。在一定程度上,它试图容

---

① Chown, M. (2008). Is science fiction dying? *New Scientist*, 12 November, pp. 6 – 49.

② Chown, M. (2008). Is science fiction dying? *New Scientist*, 12 November, p. 47.

③ Skidelsky, R. (2008). No perfect knowledge out there in markets. *China Daily* (HK Edition), 31 December, p. 9.

纳每个人的意见从而可能形成平均或中等的意见。在情境规划时,我们需要列出尽可能多的意见,但不去"压制"它们。重要的是通过这一过程最大限度地将所有可能的意见呈现在世人面前。詹姆斯·冈恩(James Gunn)撰写的《科幻小说中的图书馆》(*Libraries in Science Fiction*)①一文指出,在众多的科幻经典中,对涉及图书馆的概念在大多数情况下虚构为人类的大脑。其中包括罗伯特·海因莱因(Robert Heinlein)的《宇宙》(*Universe*)(1941),大卫·凯勒(David H. Keller)的《大脑图书馆》(*The Cerebral Library*)(1931)和豪尔赫·路易斯·博尔赫斯(Jorge Luis Borges)的《巴别图书馆》(*The Library of Babel*)(1956年)。就我们所知,科幻文学中图书馆的概念为图书馆的形态和作用提供了截然不同的看法,或者这是可能的情境之一。

> 发现未来可能局限性的唯一路径就是向未知冒险。
> ——亚瑟·C·克拉克(Arthur C. Clarke)②

---

① http://www2. ku. edu/ ~ sfcenter/library. htm(2010 - 07 - 20).

② Clarke, A. C. (2008/2009). *Time*, 29 December/5 January, p. 96.

变革

巴拉克·奥巴马(Barack Obama)引述一句谚语说:"你无法阻止正在到来的变革……你只能迎接它并按规则行事。如果你很聪明并且有点幸运的话,你可以与变革成为朋友。"①我们有很多证据证明当前社会正在经历着如此多的变革。

麦克卢汉曾经有一句名言形容他的作品为"困难的东西"。他指的是他对媒体对我们的生活和社会的影响所进行的理论化。他的格言"媒介即信息"于 20 世纪 60年代和 70 年代闻名于世。他没有活到互联网开始主宰我们的社会和商业通信的时代,否则他将对其影响发表更有见地的见解。

有关因特网的初始观点

提到因特网,就应认识到其作为信息媒介是与众不同的。麦克卢汉的观点"媒介即信息"是正确的:

"媒介不仅是信息,媒介还是思想。媒介形成了我们的认知及认知方式,过去 500 年间,主要的信息媒介

---

① Gibbs,N.(2008). President-Elect Obama. *Time*,17 November,p. 25.

是纸媒,用尼尔·波兹曼(Neil Postman)的观点即是'这种方式强调逻辑、顺序、历史、论述、客观、演绎及学科范围',而因特网强调及时性、同时性、偶然性、主观性、一次性,总之,就是速度,这与传统纸媒完全不同。"①

以上特点是因特网也是我们图书馆界值得注意的重要特点:我们利用的技术形成了我们的业务方式以及我们之间及用户的关联方式。

约翰·马科夫(John Markoff)指出②,公开可用的互联网网页的数量在过去 8 年中不断上升,从 1999 年的3.5亿页到 2009 年超过 30 亿页。2007 年连接到互联网上的主机数量为 4.33 亿。私人网页数量是多因素的结果。虚拟出版的新模式是博客,根据互联网大师文斯－瑟夫最近的估计有超过 1.33 亿个博客③。然而,这些页面许多只有通过订阅才能进入公共领域。其中包括数以百万计的期刊论文、电子书,以及通过强大的图书馆服务而提供的参考文献。这些指标的增长率没有显示出任何放缓的迹象。这种现象通常被描述为信息过剩或过载。这种过载越来越复杂。所有这一切额外叠加的是中国目前拥有

---

① Carr,N. (2008). *The Big Switch;rewiring the world,from Edison to Google.* NY:Norton,p. 228.

② Markoff,J. (2008). Internet traffic begins to bypass the US' *NY Times. com*, 31 August. www. nytimes. com/2008/08/30/business/30pipes. html? scp = 1&sq = Internet% 20traffic% 20bypasses% 20us&st = cse(2008 − 08 − 31).

③ Technorati(2009). *State of the Blogosphere*2009,http://technorati. com/blogging/feature/state-of-the-blogosphere-2009(2010 − 05 − 12).

世界上最大的互联网用户数量，达 2.53 亿，其中 84.6%
通过宽带接入。中国占世界上互联网用户的 39.5%。美
国互联网用户数为 2.14 亿[①]。据报道，至 2009 年年末，
互联网域名将包含多个文种，这必将改变因特网格局。

因特网的成功可以多种方式衡量。首先是对于全英
文资源来说，合适的域名越来越难，用户选择的名称越来
越长。此外，像 ICANN 这样管理因特网协议及域名的机
构，有意将.eco 用于生态类域名，将.sport 用于体育类域
名；还有意为特殊文化群体创建专属域名，如新西兰的毛
利人、瑞典的萨米人；特殊语种也可以有专属域名，如北
印度语、汉语普通话等。这说明人们有意识从网站域名
或地址中识别网站类型及相关信息。人们还希望实现同
类型网站内部的交流。在相对短的时间段内，比如说几
年之内，因特网已经从一个科研人员的交流工具变为几
乎充斥着各类型信息的网络。如果说我们发现目前的因
特网环境很难理解和预测，那么应充分想象迅速增长的
网站所带来影响。这种完全不同的网络环境，定会对图
书馆及其服务产生深刻的影响。

公元 1 世纪的亚历山大图书馆完全可以宣称它收集了
当时存在的所有已知的手稿。而现在却没人能这样说。信
息增长速度如此之快，对我们来说，已经很难找到真实可靠
的信息，也几乎不可能确定什么是正确的信息并加以利用。
为配合互联网上的信息量，新的情境正在构建；要想解决这
些信息的真实性、可靠性、甚至准确性，需要新的途径。

---

① Technorati (2009). *State of the Blogosphere*2009, http://technora-
ti. com/blogging/feature/state-of-the-blogosphere-2009(2010 – 05 – 12).

本书将展示的情境，是对未来处理困难问题路径方式的想象和表达。著名的《长尾艺术》(The Art of the Long View)一书的作者彼得·舒瓦茨(Peter Schwartz)是情境规划的倡导者，他认为情境有助于我们在未知世界进行长期筹谋，"情境"一词来源于戏剧界：即一幕电影或一场戏的脚本。情境与未来有关，情境有助于我们识别并适应目前多变的环境，情境形成描述未来路径的方法及相应措施。情境规划即是当下做出未来的选择①。

情境已被用于商业和军事以探索可能会发展成为其企业或地缘政治环境的不可预知的情况。这些技术现在也被越来越多地应用于信息世界。这些情境简单或复杂程度不一。至于我们自己的生活，每天都需要选择。我们要选择每天如何去上班，下班如何回家。这些选择可能有截然不同的或悲惨的后果。我们都知道，如果某天我们选择步行，而不是骑自行车或者说晚了2分钟才到达某个的地方，我们的未来将可能不一样。主动选择未来远好过于被动接受选择的结果。

按照这种水平日益复杂的逻辑，如果我们要定位我们的信息实体于能够提供高品质的反馈以表达信息需求，变革变得越来越重要。构建情境将变得像棋局一样复杂，每个棋手的每一步都有越来越多的选择和需要考虑的排列方式。情境诉诸这种复杂性来形成管理的选项。

在信息世界，可以有任意数量的未来情境。在互联网时代，我们过去传统的出版模式的方案将不会完全取

---

① Schwartz, P. (1991). *The art of the long view*. New York: Doubleday Currency, pp. 3 – 4.

得成功。现在每个人都与网络连通,瞬间都可以成为作者。目前西方国家报纸的发行量都在下降。

而目前发展中国家的报业却蒸蒸日上,尤其是中国和印度。在这些国家,报业的财政支持较好。中国的官方统计资料显示,大部分出版行业集中于上海及长三角地区,而新疆以及整个西北地区却很薄弱①。

虽然美国的报业在下滑,该产业仍在寻求互联网时代的出路。在这种情况下,对于纸质报纸及电子报纸,会出现不同的情境。

本章伊始已就网民的规模进行了探讨。在世界网民中,占据大多数的是中国和印度,而不是西方国家。中国网民数量比美国人口数都要多,这种现象改变着因特网格局,也影响着因特网的道德伦理性质。

报业未来情境的创建受网民数及不同种族群体的影响。域名规则的变化也允许了英语之外的语言扩展了其影响。

版权存在于公共领域。抄袭者在互联网上被发现相对容易,例如最近一个案例中澳大利亚联邦议会的政客即由于使用了像 *Turnitin* 这样的工具而被卷入其中,这个软件现在将要发布中文版本。在学术界剽窃举足轻重,也许未来,在博客、维基和其他信息来源的世界却无足轻重。在某些情况下,如《经济学家》杂志(*The Economist*),版权有可能会阻止创造性。一般来说,在学术出版界,承认其他作者的劳动是非常重要的,否则可视为学术犯罪。

---

① O'Connor,S. (2009). Beyond the Great Wall:Experiences with ETDs and open access in China and South East Asia. http://hdl. hand-le. net/10397 (2009 – 06 – 12).

文化也会影响人们对于版权的认识及实践。中国一向有尊师重教的传统，人们认为引用老师的观点是对其尊重的标志，学生如何比老师言论更高明？因此，关于版权及相关引用文字的说法也莫衷一是。

在上述讨论中会出现这样的情境：版权可以改变或者以不同方式应用于不同的文化环境中。版权在商业环境中力量会更强大。如果一个机构拥有一项发明、一个产品或一种艺术表达的版权，那么接下来就是要保护相关经济效益，销量的流失就是经济效益的流失。因此，尽力保护版权的延伸就至关重要。目前的法律框架下，版权保护期限是终身加死后 50—70 年，这也被称为唐老鸭条款。这是由于若不延长保护期，迪士尼动画中唐老鸭的人物形象将超出保护期限而被自由使用。因此，随着唐老鸭年龄增长，版权保护期希望被延长。

而另一方面，开放获取运动希望资源尽可能广泛自由传播。这其中的情境与版权的正当期限与网络资源自由传播的压力有关。在版权领域也有很多种可能，正是由于这种复杂性，应建立不同的情境以应对因特网压力、不同的文化及群体等。

另一种情境可能是我们需要更多的教育和可靠的信息来源，哪些作者的博客更具有专业性并值得信任呢？处理因特网上的海量信息已经让人望而生畏，而准确性或是真实性又是另外一个问题了。例如，最近人们发现，一个极右翼组织已经建立了一个网站对马丁·路德·金的生平进行了另类描述。该网站看起来很专业，但完全是误导的信息。"该网站由白人建立，是试图颠倒黑白的案例"①。该情境与信息准确性有关,也与信息审查有关,可以运用于本章探讨的其他问题之中。

进一步的情境可以参照克莱顿·克里斯坦森(Clayton Christenson)②的《创新者的窘境》(*The Innovator's Dilemma*),其中颠覆性的技术从根本上改变了我们所有的交互模式。所谓颠覆性的技术可以是个人电脑,它能够完全取代现有框架,成就了微软公司的垄断,也放大了个人在互联网上的力量。也可能是 PDA(个人数字助理),它几乎全部取代了纸质日记,而今手机具备很多功能,吸纳了之前的技术成为另一种颠覆性载体。有关颠覆性技术及其影响在本书后续章节将继续讨论。这种思想的延伸,是颠覆性创新,从根本上改变了市场交易的运作及控制规则。奥巴马通过互联网从选民中获得了前所未有的财政和道义上的支持而在竞选中获胜,就是这方面的明证。人们已经通过新闻媒体广泛注意到,希拉里·克林顿竞选时通过政治掮客采用传统的集资方式和"小城镇大资金"方式取得了效果,但仍然没有赶上竞争对手。成功的预测创新或破坏性的影响可以使组织实现未来实力地位,并使其牢牢巩固。

这里已经提到几个可能的情境以展示因互联网对通信、思想信息和理解的影响而呈现的未来可能性。其他的情境显然是可能的,但这些思考的影响以及对于变革

---

① http://philb.com/fatesiks2.htm(2009 – 07 – 06).

② Christenson,C.M.(1997). *The Innovator's Dilemma*:*When new technologies cause great firms to fail Boston*,MA:Harvard Business School Press.

的准备的基础在于,通过有效的激励方法,看似混乱的状态中也能显现出条理。这也是一种认识复杂性和未来角色的不同甚至分歧的路径的方式。

我们所说的变化,就像我们所做的一样,是一个明确的迹象,我们许多人发现很难去应对变化。变化可能是令人不安的。在工作场所,对于存在什么样的变化或者它是如何发生的,尽管影响不大,也可能会导致焦虑和产生变革的阻力。组织中的那些弱势群体,在这方面将不可避免地受到冲击。较低级别的员工对他们的工作流程和方向鲜有控制力,在这些情况下,对那些他们无法看到未来或不理解的变化是很抗拒的。2009 年美国总统奥巴马已经成为美国社会和经济变化的一个引人注目的、确实有说服力的案例(甚至在世界范围内也是如此,虽然并非全世界民众都有参与美国大选的权利)。在很大程度上,这个例子可以很容易、很明显地看出,美国民众需要做不同的事情。

在图书馆和信息服务领域的员工、用户和管理人员并非总是如此,变革并不总是很明显。很多情况也许是与劳动力老龄化,劳动力已经固化在其目前的角色中很长一段时间有关。将这种变革的阻力和员工平均年龄的增加相结合,组织重构确实是非常困难的任务。参与确定一个新的未来的过程中,是使工作人员能够参与塑造他们工作的组织未来的发展方向的一种理想的方式。情境规划过程使参与并渐进理解组织在未来和共享所有权的成果之间自我发现选择的环境成为可能。

流行 MTV 网络的首席执行官朱迪·麦格拉思(Judy McGrath)认为,"改变存在于每个人的 DNA 之中,具有个体性和专业性"[①]。我们似乎正在遭受着前所未有的海量的变革。这就是常说的，我们的生活中唯一不变的就是变化。进一步的含义是变化发生的概率。我们只能注意到这种事后的变化率，但需要谨记期待的前景。今天图书馆的职业生涯跨越了手写格式的 5×3 目录卡的时代，到供应商制作多副本（为增加入口等）方式，经历了在线目录的 MARC 记录，直到现在的元数据。在不到 30 年的跨度里，这个变化的量是极其可观的。但变化并不是我们 DNA 的一部分，人类的精神往往更渴望稳定。

重要的是要首先明白，有很多的变化已经发生了，其次，变革率是可以测量的。在更狭义的范围上说，我们每个人都可以通过麦克卢汉历史方面的著作《前车之鉴》(*Rear Vision Mirrow*) 来看到这样的变革率。我们只需要看看我们过去发生过的事件，然后想想自那以后发生了多大的变化。回头审视一段特定的发展历程，人们可以很容易发现时光是如此的短暂。回想那个时候的思维和记忆，也可以发现准确地了解未来多么困难。例如，当我们回顾缩微胶片目录时代，都还记得它们是如何便利快捷。缩微胶片目录是第一代使用计算机的功能来进行操作和组织数据的图书馆目录。它可以生成许多套目录，从而摆放到所有楼层，可以设在校园内的其他学术部门，也可以与其他图书馆交换以便快速更新其资源。这具有革命性的意义。在 20 世纪 70 年代末到 80 年代初，图书馆目录大多如此。回想起当时，很难预见确切的未来，仅仅 30 年我们就有了今天这样的图

①　Can Judy McGrath keep MTV Networks up with the beat of the Internet era? *The Economist*, 22 November 2008, p. 72.

书馆。然而,至少从趋势来看是很明确的,那就是计算机在驱动着变化以及激发未来提升的潜力。电脑已经能够为每一条款目制作多种卡片目录,现在又制作出了缩微胶片目录。但是未来的目录会是什么样子呢?

想想另一个实例,自问一下,你什么时候开始意识到互联网成为传输图书馆资源的工具? 重大主题索引,如《医学索引》和期刊资源,已经被刻录成 CD。所需 CD 的数量如此之多,意味着很快就需要"点唱机"来有效地管理大量的光盘。"点唱机"的需求很大。到了 20 世纪 90 年代初,很快就发现期刊的内容可以在互联网上提供。现在仅仅十年多一点,互联网已经如此普及,甚至可以说是侵入了我们的生活。但回想起第一次意识到这种潜力的时候,还是有些刺激的。在发挥图书馆的潜力将目录突破物理位置传送给用户是一个更加重大的发展,确实值得兴奋。

因此,回顾过去,展望未来,对于帮助我们理解的变革率来说是非常有用的。这也有助于我们理解的变化终将会发生,但却快于我们的预期。变革不等人! 在本书的后面我们将再次讨论这一问题。

> 众所周知未来是最长久的,但是我相信我们都将生活在自己所创造的未来中。我们已经生活在一个幸福的时代。
>
> ——爱德华. M·肯尼迪(Edward M. Kennedy)[①]

---

① Broder, J. N. (2009). Edward M. Kennedy, Senate Stalwart, is dead at 77. *NY Times*, 27 August. http://www.nytimes.com/2009/08/27/us/politics(2009 – 08 – 28).

以面向未来的态度变革

本书旨在创建我们的未来而不是被动地接受。很明显,我们面对着很多的未来选择,但我们需要识别并理智地在这些可能中选择。在较为乐观的时代,人们认为,资源将不可避免地支持经济增长。然而存在着一种普遍的悲观情绪,甚至宿命论,认为世界陷入严重的经济衰退,正让人们无视积极的机遇。我们要始终记住"危机"同时意味着危险和机遇,它们往往是并存的。情境规划方法论通过发现隐藏较深的资源模式来帮助和指导思想。对未来的灰暗情绪,我们需要改变的第一件事是,我们如何想象未来。如果我们允许自己开始思考解决方案,那么在这本书里指出的方法将大大开拓未来的可能性和机会。

情境作为一个学科的发展

对于未来图书馆的生存和发展,根据环境的需求不断调整其战略方向是至关重要的,尤其是当变革速度更快、范围更大的时候。然而,变化本身是不可预知和复杂多变的,有时还会出现威胁。面临不确定性时,对变革存在心理依赖和防卫都可能是危险的。当图书馆管理者低估了新兴趋势对其传统作用和价值的影响,他们将不能正确定位自身及图书馆并把握变革。另一方面,如果变革的威胁被高估了,个人对未来的塑造能力将被低估,人们可能将陷于仅有决策但无法实施的境地①。"支持失败的战略，拖延，推诿扯皮"的应对模式，在应对威胁的变化上被认为是典型的逃避行为②。正如皮埃尔·沃克（Pierre Wack）所说，惯性和失败的决定性作用往往植根于"无法看到一个新兴的小说被过时的假设所锁定"的现实③。

为了从过时的假设中解脱出来，并克服决策的惯性和感性的盲点，在 20 世纪 60 年代出现了一种新的规划工具，称为"情境规划"。美国政府最初将其应用于冷战时期的地缘政治和军事分析。在 20 世纪 70 年代，荷兰皇家壳牌（Royal Dutch Shell）率先在企业部门使用，并使公司成功地应对了 1973 年石油危机④。从那时起，情境规划已广泛应用于公共和私营部门的产品创新、组织再造、公共政策分析、城市规划、犯罪预防，以及非政府组织服务中⑤。管理学期刊中已经出版的许多文章记录了创

---

① Star, J. (2007). Growth scenarios: tools to resolve leaders' denial and paralysis. *Strategy & Leadership* 35(2), pp. 56 – 59.

② Wright, G., Van der Heijden, K., George B., et al, Scenario planning interventions in organisations: An analysis of the causes of success and failure. *Futures* 40(3), pp. 218 – 236.

③ Wack P. (1985). Scenarios: shooting the rapids, *Harvard Business Review* 63(6), pp. 139 – 150.

④ Cornelius, P., Van de Putte, A., Romani, M. (2005). Three decades of scenario planning in Shell. *California Management Review* 48 (1): pp. 92 – 109.

⑤ Weinstein, B. (2007). Scenario planning: current state of the art. *Manager Update* 18(3), p. 1.

意决策者如何将这一工具用于激发组织学习[1]、改变组织文化[2],并挑战根深蒂固的信念[3]。一家顾问公司注册了TAIDA(Tracking, Analysing, Imaging, Deciding, Acting 跟踪,分析,建构,决定,实施)作为其商标和"公私企业和组织情境规划百强案例"[4]的主体名称。通过系统识别和分析内外部环境的关键驱动力的内在关系,利用广泛的利益相关者和专家不同观点的杠杆作用,考虑到不同的可能性并提出应对策略,管理者可以更好地为未来的开发进行行动准备。

　　20 世纪 90 年代后期,美国图书馆协会(ALA)出版了一本关于情境规划过程的手册为公共图书馆情境策划提供了技巧[5]。手册不仅鼓励专业图书馆的信息从业人员将情境规划用于内部图书馆规划,而且"帮助领导者明白他们为组织提供洞察力而不只是编目和存储数据"[6]。贝

---

① Chermack, T. J. (2008). Scenario planning: Human resource development's strategic learning tool. *Advances in Developing Human Resources* 10(2), pp. 129 – 146.

② Korte, R. F., Chermack T. J. (2007). Changing organizational culture with scenario planning. *Futures* 39(6). pp. 645 – 656.

③ Bradfield, R., Wright, G., Burt, G., et al. (2005) The origins and evolution of scenario techniques in long range business planning. *Futures* 37(8): pp. 795 – 812.

④ Lindgren, M., Bandhold, H. (2005). *Scenario planning: The link between future and strategy*. New York: Palgrave Maemilan.

⑤ Giesecke, J. (1998). *Scenario planning for libraries*. Chicago, IL: American Library Association.

⑥ Willmore, J. (2001). Scenario planning: creating strategy for uncertain times. *Information Outlook* 5(9): pp. 22 – 28.

尔认为情境法可以帮助学术图书馆实现可持续发展①。为了保持其传统的核心价值观，图书馆将作为变革先锋扮演新的角色。要做到这一点，图书馆管理人员面临的挑战是将情境规划作为战略性和学习的工具，使可能的未来可视化，并将最大限度地推动其变成现实。一个特征为"失败""常规""折中"和"转型"的矩阵被用来描述图书馆未来的不同可能性。贝尔认为，"传统的战略规划现在由于过多的限制而不能妥善应对危机与机遇"。斯图尔特·汉纳巴斯（Stuart Hannabus）对此观点进行了回应，他批评战略规划用作对动荡的未来的规划工具时太过关注于当下②。传统的战略规划是自上而下的，基于标准的方法和固有的官僚式僵化，不利于当今的馆员对因信息爆炸时代意想不到的变化或范式转变带来的偶然决定进行鉴别。另一方面，情境开发过程使得传统的思维方式，现有的战略和人的能力在各种备选方案中得到验证。概括地说，这种情境法可以使管理者"专注于寻求机会的规划而不是业务驱动的规划"③。

为了把理论付诸实践，悉尼科技大学图书馆应用情境

① Bell, S. J. (1999). Using the scenario approach for achieving sustainable development in academic libraries. http://www. ala. org/ala/acrl/acrlevents/bell99. pdf(2008 – 04 – 08).

② Hannabuss, S. (2001). Scenario planning for libraries. *Library Management* 22(4/5): pp. 168 – 176.

③ Richards, L., O'Shea, J., Connolly, M. (2004). Managing the concept of strategic change within a higher education institution: the role of strategic and scenario planning techniques. *Strategic Change* 13(7), pp. 345 – 359.

规划对未来发展方向的规划取得了共识①。同样位于悉尼的新南威尔士大学图书馆将情境建模技术应用于组织重构、员工发展、空间规划和用户服务②。美国内布拉斯加－林肯大学图书馆，在模拟仿真情境开发中应用了结构化和规范化的技术，对"下一个五年的馆藏建设"规划了四个方案③。在丹麦，不同的利益相关者参与了情境研讨会，以对三家公共图书馆发展计划进行了"战略反思对话"④。

　　不论图书馆的规模大小，也不管它在组织机构中被放在什么位置，情境规划都能够提供必要的推动力，使其向着它最期待的未来发展。

① O'Connor, S. , Blair, L. , McConchie, B. (1997). Scenario planning for a library future. *Australian Library Journal* 46 (2), pp. 186 – 194.

② Wells, A. (2007). A prototype twenty-first century university library. *Library Management* 28 (8/9), pp. 450 – 459.

③ Giesecke, J. (1999). Scenario planning and collection development. *Journal of Library Administration* 28 (1), pp. 81 – 92.

④ Kristiansson, M. R. (2007). Strategic reflexive conversation: A new the oretical-practice field within LIS. *Information Research* 12 (4). Available at: http://informationr. net/ir/12-4/colis/colis18. html (accessed April 23, 2008).

第二章 信息环境的复杂性

关于本章

本章将考察图书馆赖以存在的环境,也会让读者认清这个环境从而开始分析并了解其影响,一些工具会帮助我们完成这个过程。

本章的环境分析为后续章节探讨出版及图书馆行业的业务模式打下了基础。

何谓环境

地质学家和社会学家研究自然环境和社会环境,包括地球的轮廓、地震的转变、态度的转变、人口和社会阶层的活动。通过研究活动,他们获得对各自学科的认知。他们的学科的发展包括从各种信息源收集信息,并将其与现状进行整合与分析。从这些方面来看,这两个学科都与图书情报学科有许多共同点。

然而,在如何从过去获得事实方面,地质学家和社会学家存在差异。地质学家可以依赖于对地球和地质运动的观察和调查。社会学家知道社会秩序在不断变化。态度以及众多影响社会形状的因素都在发生变化。社会的变化可以通过定量和定性的措施进行测量和跟踪。

图书馆及其环境

图书馆的运行环境因图书馆类型而异。专门图书馆的运行环境和公共图书馆或学术图书馆是不同的。这些不同源自资金、行政和政治的影响,也因给其工作人员的薪资水平而不同,在更重要的层面上,因他们的使命和所服务对象群体而异。这些环境需要被理解和衡量他们的图书馆可能的未来。在本章的后面我们将进一步讨论如何处理这些环境。

对于事件发生的可能性和或然性的理解,以及我们如何改变我们的思维方式,环境越广泛,往往更难以看到和理解,但是却很关键,但当出现地震发生的变化时,重要的是要知道并体会到至少在宏观上意味着什么。地质学家将关注日耳曼板块的移动,并会对板块上的建筑物表示担忧。在后面的章节中这些见解将更加强烈的影响情境的构建。

> 只要有勇气,任何事情都是可能的。
> ——J. K. 罗琳(J. K. Rowling)[①]

---

① Rowling, J. K. (2007). *Harry potter and the Order of the Phoenix*. As cited in http://www. quotationspage. com/quote/33790. html(accessed on 14 February 2010).

颠覆性技术

现在有必要讨论一下"颠覆性技术"。这是克莱顿·克里斯滕森赖以成名的一项商业理论，用来描述一项新技术如何去影响现有技术，特别是在意想不到的情况下。在他1997年的一本畅销书《创新者的困境》中，克里斯滕森将新技术分为两类：持续性的技术和颠覆性的技术。持续性的技术依赖于对已有技术的渐进式改善。因为是新技术，颠覆性技术缺乏细化，常常会有功能性问题，可以在有限的受众中倡导，但可能还没有一个成熟的实际应用（比如亚历山大·格雷厄姆·贝尔的"电气讲话机"的案例，我们现在称之为电话）。在这本书中，克里斯滕森指出，大型企业按持续性技术来设计工作模式。他们熟知自己的市场，贴近他们的客户，并拥有推进现有技术的机制。相反，他们无法利用边际成本较低的颠覆性技术创造的潜在效率、成本节约，或新的营销机会。克里斯滕森使用真实世界的案例来说明他的观点，他解释了"轻视颠覆性技术的价值对一家大公司来说是如何寻常，因为它并不强化当前公司目标，但是随着技术的成熟，获得了大量拥趸和市场份额，并威胁到现状时，这些公司才傻了眼"①。

例如，与图书馆更近、更相关的案例可能会涉及个人

---

① http://whatis. techtarget. com/definition/0,, sid9_gci945822, 00. html（2009－02－06）。

计算机(PC)的出现。这是一个巨大的颠覆性技术,但大型计算机生产商 IBM 公司是不屑一顾的,认为简装版的电脑永远不会对它产生任何影响。事实上,微型计算机摧毁了他们的中央主机计算业务,还向比尔·盖茨提供DOS 代码,使他成为一代巨富。同时也造就了软件巨头微软。《硬件驱动》(*Hard Drive*)[①]一书就此事进行过描述。就像克里斯滕森指出的那样:大公司看不出电脑将如何侵入其商业模式,但它摧毁了它们的大众市场的商业模式。这也同样有助于认识到,PC 对于个人业务的兴起在很大的范围产生了影响,人们可以轻松地独立工作,与他人相隔离,远程控制那些 IBM 计算机让他们不得不在办公室完成的业务。大河不满小河干。如果 PC 从来没有出现将会怎样?你能想象吗?在接下来的章节中,我们将以同样的方式回顾过去,以便开始了解未来。

另一项颠覆性的技术是手机。这是颠覆性的,但却是潜移默化的。现在手机已经开始取代日记和书籍(纸质日记本身已经受到像 PALM 这样的 PDA 设备的冲击了),它同时也影响了相机的功能(数码相机取代了胶片相机)。因此,日记、通讯录、相机和音乐存储播放器的功能与普通电话的功能相结合,成为集成设备。那些专门运营某一项业务的行业,如纸质日记本,像柯达这样的相机公司,盒式收放机或音乐播放器制作公司都在很短的时间段内受到冲击。由 OCLC 运营的 WORLD CAT 已经制作了可以让人们通过移动电话访问目录的操作界面,

---

① Wallace,J. ,Erickson,J. (1992). *Hard Drive*:*Bill Gates and the making of the Microsoft empire.* New York:Wiley.

其目录已涵盖超过全世界 10 000 家图书馆。

本章中所附的习题将协助识别颠覆性技术,并开始分析其现实影响或潜在影响。

广泛的颠覆性技术对图书馆的影响

假设颠覆性技术的概念已得到广泛的理解,现在有必要来考虑其对数字图书馆的影响。

在 20 世纪 90 年代中期,通过互联网对数字内容进行商业性传递成为可能。在此之前,数字内容的存储介质限制在 CD 和其他尽管更密集但却类似的介质上。相对于缩微胶片作为存储介质,这是一个巨大的跨越。但即使 CD 的额外存储很快成为问题,随后 CD 点唱机出现以配合多片 CD 的使用,在需要通过 CD 存储并尽快获得内容的场合是非常必要的。这催生了 DVD 的出现,从而又使得 CD 点唱机的存在显得多余。

内容的"数字化传递"的问世对图书馆产生了深刻的颠覆性影响,其影响的程度尚不可知。随着互联网向图书馆提供数字内容的能力的增长,图书馆的用户甚至不需要亲身进入图书馆大楼也可以使用图书资料。图书馆读者在人口学统计上的变化不是昙花一现的现象,而是在不断增长的,这将导致门禁统计数量的减少。进图书馆的人越来越少,但与之相悖的是对图书馆的利用却在增加。图书馆建筑的投入往往转向现有图书馆模式以外的其他用途,咖啡馆和社区中心,我们建设了有旧式图书馆功能的区域和商店。这一切都不一定错误,重要的是,图书馆和信息中心对组织向何方发展有着清晰的思路。但我们有许多图书馆，在努力寻找自己"存在的理由"时"迷路"了。

　　数字化传递从根本上改变和颠覆图书馆在所在社区的定位。通常的情况下，大家认为图书馆和所在的社区是不相关的。有些公开的质疑表示："为什么在因特网时代我们还需要图书馆呢？"当数字内容通过互联网被传递到用户桌面时，用户甚至意识不到该服务是来自于图书馆，而这一切可以很轻易地被谅解。在这种情况下，这些服务需要做很多组织工作并耗费了大量真金白银，而用户却对此没有任何概念。互联网并不是免费提供访问这些信息的接入功能的。因此，"数字化传递"这项颠覆性技术正在并将继续产生深远的影响。

　　在这种环境下，图书馆工作人员很难理解这种影响。如果他们的工作是获取、收集和提供数字内容以供使用，他们不会轻易承认他们的工作不可见、不被理解，甚至被看作是无关紧要的。如果是信息服务的工作人员，他们有必要认识到这种根本性的变化，即其用户在图书馆实体内是看不见他们的。如果是远程用户，工作人员需要了解这些看不见的用户需要哪些信息以及如何去应对，他们的思想和行为将需要一个非常深刻的变化。工作人员则需要在适当的服务和馆藏资源开发方面加以考虑。馆藏开发是我们在 21 世纪面临的最重要的问题之一。我们需要向大量看不见的用户群体收集和提供的资源本身存在诸多智力和过程方面的挑战。除了这些影响之外，对图书馆工作人员最大的影响是，他们的工作模式以及他们对组织模式、工作行为和工作设计的变革需求的洞察力。这些人员问题将在后面的章节进行讨论。

练习

颠覆性技术的影响是什么？从这一部分我们可以看到各种"技术"是如何改变业务模式的。以下练习是为了考察图书馆领域当前及今后的颠覆性的技术。

第 1 部分

1. 想想纸质日记发生了什么变化呢？它已经被PDA 取代了吗？

2. 思考一下传统胶片和相机生产商柯达公司。它有没有对数字技术出现的紧迫性做出反应？还是反应速度不够快呢？

3. 互联网对图书馆信息内容的传递造成了什么影响？

第 2 部分

1. 技术对纸质日记行业的影响有哪些？它还能继续生存吗？

2. 柯达公司曾经在这个行业中占主导地位,没有真正的创新它还能继续生存下去吗？

3. 内容的"数字化传递"从根本上改变了图书馆业务模式吗？

更广泛环境下的问题

很多问题掩盖了图书馆真实的环境，而这种环境也正在对我们能和不能获得的东西产生了影响，这些正在逐渐揭示出来的问题影响了世界所有地域的所有图书馆业务部门。我们需要意识到他们终究算得上是问题,因为它们会影响我们对未来的规划决策。每一个问题都将影响所有图书馆和信息服务的思想,但是图书馆却有可能无法回应或影响部分或全部问题。从任何意义上说,这并不重要,重要的是我们明白在我们的环境中都发生着什么,只有这样我们才能有把握确定我们的战略位置。

开源

比尔·盖茨有着令人难以置信的远见卓识,他非常幸运地从 IBM 得到了运行在早期个人计算机(PC)上的代码。如今个人计算机成为精密仪器,但其基础代码是专有的。DOS 代码和落后于主流电脑系统(FORTRAN、SUN 等)的软件是专有的源代码,它是使程序员指示计算机完成任务的语言。但源代码未经制造商和代码业持有人许可是不能改变的。历史上,变革从来不是孤立发生的,如果我们孤立地工作,这或许没什么,但事实是我们在本地甚至国际上都与他人相互关联。我们与他人关联的程度也与电脑系统有关。如果我们不希望变革或者软件持有人不进行限制,专有系统是比较好的。但世界瞬息万变,因此软件系统也需进行更新。由于关联性及对变革的反应较差,专有系统已经不适用于处于变革中的服务。图书馆管理系统(ILS)属于独家专有系统。因此,如果不付出极大的成本而使 ILS 与其他系统进行交互是相当困难的。每个系统的所有者需要支付系统开发费用,因而导致该系统也是很昂贵的。最近几年,由于多种原因也开始了这些系统的合并开发。20 世纪 80 年代,该市场约有十多家系统提供商,而如今不超过四家。原因之一是私募股权投资公司进入图书馆市场而吸引了非常坚实可靠的现金流。目前还没能看到私募公司的介入对图书馆成本降低的效果。

在许多意义上,世界是循环的。20 世纪 70 年代后期,图书馆系统的两个主要功能是使编目工作更高效并且管理流通系统。大部分这些模块由某一家或另一家图书馆开发并共享,图书馆间极少产生费用。也就因为这一点,图书馆自动化公司因开发全套图书馆服务模块而存在。但他们开发的系统仅仅满足当前需求并且以利润为导向。现在,如 LibLime 这样的系统进入市场,就像开源系统一样鼓励了编目记录的免费提供。OCLC 还发布了网络版集成管理系统,这种模式由中央系统(或 OCLC)通过因特网运行,从而避免每家图书馆分别维护软件系统及服务器。同时,像 OCLC 这样的组织正在寻求加强他们对 WORLD CAT 记录的"所有权"以寻求进一步商业用途,或者,他们将因此失去未来的潜在收入。因此,开源的出现和日益普及已开始产生更广泛的影响。

> "开源软件……允许用户使用、变更和完善
> 软件,并以修改或不修改的格式再次发布并常以
> 公开、合作的方式开发。开源软件是开源开发的
> 最突出的例子,经常被比作用户生成的内容。"①

---

① Open Source Software. http://en. wikipedia. org/wiki/Open-source_sofrware(2009 – 02 – 11).

　　Linux 是开源软件的一个突出的例子,得到了日益广泛的应用。开源可以让用户开发软件,来分享并提升计算机程序的能力,而无须付费和支付升级费用。这种共享和协作模式,是互联网的根本特征。它使得应用程序可以在图书馆和信息服务之间共享,使他们能够提供更创新和更有效的服务,这是一种新的工作方式。同样地,在过去几百年间,图书馆无疑发挥着巨大作用,但如今情况却发生了变化。Google 试图数字化所有文献的计划也被视为图书馆的理念,关键是封闭的专有系统限制了图书馆的创新。开源运动对于图书馆来说是一个机遇,但同时也使图书馆地位有动摇的风险。创新的机遇对于所有人都是平等的。

　　开源率先于 Web 2.0 出现。如果说 Web 1.0 给用户提供了封装 HTML 文档,Web 2.0 则是寻求使用户参与互联网的能力。它提供软件使得用户之间、用户与信息之间、有效的信息和用户需求间的交流能够通过互联网这个工具进行交互。因此,开源和 Web 2.0 的结合为图书馆定位自己的服务以获得更好的效果带来了重大的机遇。

　　如果这本书是关于自己的未来,那么我们就必须考虑网络在未来的发展、开源和语义网出现的影响。Web 3.0 可以被描述为 Web 2.0 正在被语义网和其他新兴事物推动的产物。如果说传统的网络通过人类能够理解的自然语言而不是机器语言来展示信息,那么语义网是计算机沿着人类思维路径过滤和组织信息的自然延伸。互联网的创始人蒂姆·伯纳斯－李①关于语义网的经典论文很值得一读。"语义网不是一个独立的网络,而是当前网络的延伸,通过语义网,信息的含义可以被准确定义,计算机和人的交互可以更加良好。语义网融入现有的Web结构的第一步已经正在进行中。不久的将来,这些进展将迎来重要的新功能,机器能够更好地处理和'理解'数据,而目前仅能够进行显示。"②图书馆已准备就绪来设计并推介这些系统,或许与设计师和变革者合作完成,更不用说自己的员工,目前主要包括数据库管理者、网站设计者、市场管理者、课程设计者等。

开源的含义

对于开源,有许多方面的含义:

首先,人们看到市场上出现了更多的开源计算机程序。反过来说,这是允许软件应用程序的民主化。在这样的环境中图书馆可以注意到那些开发可能适合他们信息发布需求的软件的群体。

其次,随着开源的出现,图书馆可能会考虑其专有的图书馆系统的未来及其成本。当关注点从绑定到图书馆建筑内的馆藏向着以显著数字化并方便而广泛地向公众提供的内容转化的时候,图书馆将不得不考虑他们系统开发的定

①② Berners-Lee, T. (2001) *The Semantic Web Scientific American*, 17 May. Available at http://www. sciam. com/article. cfm? id = the-semantic-web&print = true(2009 – 02 – 15).

位。它几乎肯定不会是传统 ILS 对实体馆藏的采访、储存和流通。重点将是对数字馆藏获取和发现的工具以及互联网工作需求。如果传统目录是"拉"的技术，那么图书馆需要的更多的是"推"的技术，"拉"是静态技术，因此需要人们根据自己的需求和节奏利用图书馆，而"推"能够参与用户需求。典型的例子就是图书馆根据用户需求创建用户档案，在这份档案中，与之相关的信息将会推送给用户。

再次，如果说 Web 1.0 用于连接用户和 html 文件，Web 2.0 则是通过应用程序在用户和信息之间创建了互动，有时是通过开源激活和促进了这些交互活动。Web 3.0 将在 Web 2.0 的基础上进行语义网的开发，但将由电脑根据人类信息需求来收集和组织信息而带动其发展。在此环境中，图书馆的未来作用如何？单个图书馆具备应对技术挑战的资源吗？

数 字 内 容

由于在互联网上可以获取的信息数量以指数级的比例增长，因而这些信息的利用成本和版权已成为一个问题。传统出版商在互联网上提供书籍和期刊的内容，都力求确保他们的商业模式是可持续的。基于印本的传统出版商业模式，其收入流和利润率均为已知的和可靠的，在逐渐远离这种模式后，出版业尽管已经接受了数字出版模式，但试图寻求对其业务经营的未来的保证。他们已经锁定了其所拥有内容的版权期限为作者终身加 70

年时间[①]。此外,他们已经看到了数字化内容可用性的影响,他们将回溯馆藏同样以数字形式进行了提供,有效地把这些内容纳入用户付费许可的模式之下。未来图书馆运行环境的主要法律问题不再是版权而是许可,许可的条款也更严格。旧内容数字化的普及被《连线》(*Wired*)杂志的编辑克里斯·安德森(Chris Anderson)描述为"长尾理论"[②]。有效的理论和现实的经验证实,如果将旧的内容以数字形式提供,用户将会搜寻和检索这些内容。这一发现也是 Google Books 背后的一个重要驱动力[③]。

正如以上对开源问题的讨论,开放存取活动的出现对传统出版商和图书馆员来说是一项挑战。开放存取的倡导者认为,公共资助的研究或写作应该尽快向公众提供。对此,一部分出版社承诺在 6 至 9 个月后将内容公开,这是源出版物的商业投资回报率和开放存取承诺之间的妥协。尽管如此,这些出版商也是少数。多数出版商仍牢牢地将自有出版物的内容锁定在防火墙后面,并在可预见的将来会继续这样做。一些出版商对于付费出版尤其是作者付费出版的论文开放获取持支持态度,这部分费用约为 2500 美元。这种付费出版模式在西方出版界仍有较高的认可度。目前中国是几种模式并行,这对于大学出版学术成果以推

---

① 在国际版权法框架下,70 年的期限为近期由 50 年扩展而来。未来保护期有望进一步延长。

② Anderson, C. *The Long Tail: why the future of business is selling less of more.* New York: Hyperion 2006.

③ Google Books 项目旨在与世界大型图书馆合作数字化全球纸本图书,还有其他类似项目与图书馆合作,如纽约公共图书馆。

动其进步带来了巨大压力。若要改变这种出版模式,只有让学术界对于他们希望在哪里发表作品的态度发生变化。另一个关键因素将是大学如何评价其成果的品质。如果他们继续使用影响因子与引文分析的措施,他们将只会尽力在那些被认为具有最高质量和信誉的期刊上发表文章。这对于扩大期刊学术范围并提高订阅率有一定的影响。因此,开放存取要想成功,将有赖于学术界,以及大学之间的同行评议、看待质量和竞争等方面。

数字内容的启示

数字内容的本质是对图书馆信息工具产生重要影响,并且未来仍将如此。首先,数字内容总是受到广大图书馆用户的青睐,因为他们可以从任何地方访问信息。这需要精密的代理服务器以向图书馆的特定区域传递数字内容。

其次,越来越多的数字内容能够通过谷歌图书或其他服务在互联网上获得,这使得世界上大多数出版物的内容在未来某个阶段通过互联网访问的可能性大大增强。这将严重影响图书馆在用户和出资人眼中的作用和其存在的理由。

再次,出版商提供的数字内容将继续存在,这构成了商购资源的主要部分。

最后,开放获取运动的发展势头鼓励了在互联网上发表的文献的免费获取。这将在三个方面影响图书馆和出版商的关系:这将鼓励出版商允许他们的出版物的版本在所谓的 6 到 12 个月后自由发布;这正在并将继续扩大图书馆占有出版商自有权利的可能性,它从根本上改变了作者和出版商之间的关系。出版文本的真实性和可信度的问题将在未来成为这一问题的关键。

作者—出版商—图书馆关系

分析作者、出版商及图书馆的关系对于理解学术出版是非常重要的,其相互作用尤其重要。在传统学术出版模式下,由作者寻求出版商或期刊社进行出版,图书馆为读者买单,这种模式已在模型中体现。

相应地,传统出版的商务模式也是如此。而因特网的出现给出版商带来了新的商业模式,即越过图书馆直接与读者打交道。这些新的商务模式对于商业过程至关重要,后面第三章将进一步探讨这个话题。

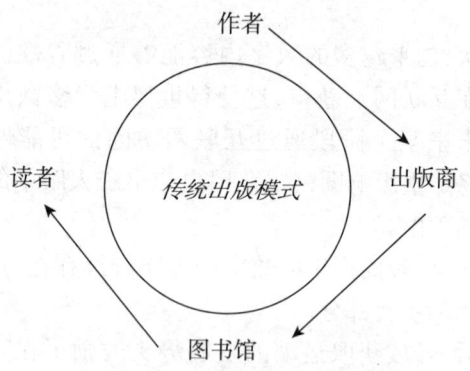

图 2 – 1　传统出版模式

图片来源:Steve O'Connor。

内容平衡

图书馆采访资源的本质已经发生了变化。20 世纪 80 年代 CD 介质的数字内容开始出现,90 年代早期数字内容开始逐渐在因特网出现。因此图书馆开始采集数字形式的资源,其印本资源数量出现了下降,甚至某些图书馆持续下降。但现在的情形如何以及接下来的趋势如何? 不过目前来说,复合馆藏的趋势是很明显了,图书馆也将配套相应的空间、设备、网络设施、经费、人员,最重要的是关于图书馆用户服务的认知。类似地,不同学科的信息需求也不同,文献传递机制也不同:科技类一般通过网络期刊形式传递而社科及人文类则以电子书刊和纸本书相结合的方式进行。

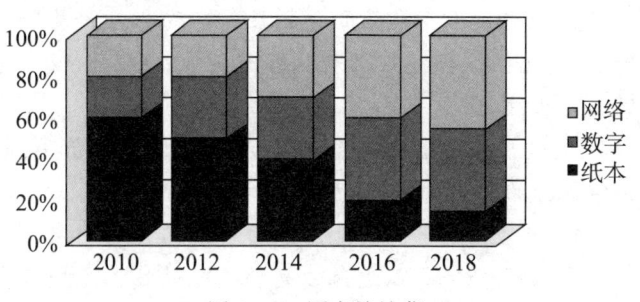

图 2 - 2　图书馆馆藏

图片来源:Steve O'Connor。

练习

什么是图书馆的复合馆藏?了解图书馆资源类型将对图书馆正在规划中的发展产生什么样的巨大影响?

第1部分

1. 尽可能准确地评估你所在图书馆可向用户提供资源的百分比。

2. 参考图2-2,现在你所在图书馆收藏的纸质版资料的百分比是多少?通过订购获得的数字资源的百分比是多少?能够访问的信息资源的百分比是多少?

3. 互联网对图书馆信息内容的传递有什么影响?

4. 预测在十年内进入图书馆的资源百分比。按个体进行预测,并按群体进行考察。

第2部分

1. 根据不同人士预测的内容组合往往会变化很大,这可以作为一个较好的讨论主题。

2. 对超过十年期间的预测往往在两个方面是错误的:①变化往往会提前很长时间就产生;②变化程度将远远大于预测。

3. 这次练习非常值得去做,结果可以保存待用,以便审视你的意见是如何随时间的推移而改变的。

4. 这次练习同样也是值得为不同的目的而做。它可以是对预算的预测,也可以是为未来的员工或技能资源的需要而做。

未来的工作

在为未来做准备时,我们必须考虑未来的组织。这是要实现未来情境传送的途径。稳定的组织将通过现有的工具传递该组织的使命。他们同样要通过成员的技能来推动。大型组织很难改变,这是因为这种组织对未来目标、角色等有所规划,而拥有新电脑和网络的小型公司可能会产生比起规模更大的影响。他们能够创造以前从未有过的商机,比大型机构更为灵活迅速,这是由其本质及工作模式决定的,与员工技能也息息相关。

较早前在本书中提到了 IBM 完全失去了个人电脑业务的颠覆性影响,这一点对于理解工作的问题是关键所在。在工作流程设计中,对图书馆资金和维护预算来说,PC 仍然是最重要和一个很大的支出项目。2008 年年底和 2009 年年初的金融危机将在多年内对工作产生影响。除了对工作的顺利推进产生影响,这也将大幅影响我们实际工作的方式;将提高对团体或个人的组织工作的新方式。面对随着严重的经济衰退所创造的机遇而带来的新业务,围绕图书馆的关联企业将重新审视其现有业务的有效性和营利能力。这种情况将解决当前图书馆奋力重组以满足图书馆读者定位的困境。在本章及第一章中的问题已经突出了信息传递模式的变化。不远的将来如果发生在图书馆服务上,那么我们应该如何应对呢?我们是否应该关注我们精通的部分,改变所有工作方式、邀请合作方参与、允许其传递特定服务内容而我们专注其他领域？

未来的工作影响

在本章前面提到的颠覆性技术将对即将到来的图书馆组织的形态产生很大影响。今天的组织显然不像 20 年前那样存在层级，而是在运作和决策上是开放的。有人形容这是自组织、共识决策、授权、民主，甚至是扁平化的组织结构。在工作场所的决策上参与程度更大。但工作场所将往什么方向去？互联网为工作人员带来了远离组织场所的机会。在家工作已经为组织带来了许多优势和成本的节约，但同时也引发了其他问题，如与组织的目的和方向偏离的问题。不过，这种工作模式也是现实而且被允许的。互联网同样也塑造了我们所做工作的本质，以及我们因此而组建组织的方式。约翰·马龙（John Malone）在他的《未来的工作》（*The Future of Work*）一书中讨论了从独立到连续、从集权到分权的各种组织模式。在过去 10 到 15 年间，关于公共和学术图书馆的普遍现象就是政府和高等教育机构的合并对曾经独立的图书馆所产生的影响。经济压力能否推动图书馆所隶属的组织机构去除中间管理环节，并联合小型机构而获得更高效率呢？过去 20 年这种模式都是十分常见的，并且未来也不大可能消失。图书馆，尤其是专业图书馆的独立性仍然存在，但对我们所有人来说，还有一个更大意义上的相互依存，即使是那些存在集中式系统的图书馆也存在其系统与其他系统的相互依存关系。下图是仿照约翰·马龙的工作建模但应用到了图书馆环境下。

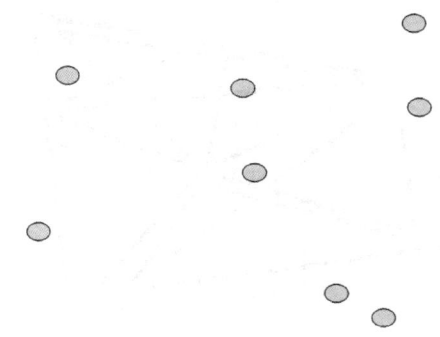

图 2 - 3 独立的个体图书馆

独立图书馆之间的关联并不紧密,它们存在的环境总是遵循一定的标准(如 MARC 记录)但却相对独立存在。这些图书馆还可能设置分馆,但分馆系统之间相互独立。

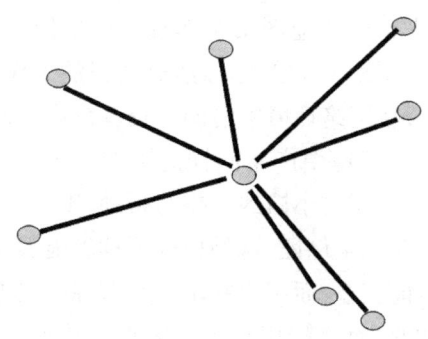

图 2 - 4 集中式的图书馆

集中式图书馆系统更大、更复杂但成员馆间独立性相对较小,这种模式下,分馆有一定的自治权利,但他们必须和总馆合作。

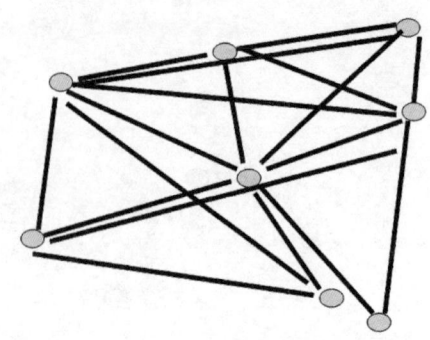

图 2 - 5　图书馆网络（区域或国际）

　　正是在这个基于网络、相互连接的图书馆世界里，我们才发现自己正在不断前进。用于层级独立环境中的管理风格与需要在网络或联盟的环境中进行有效管理的风格是非常不同的。那些通常在他们的家族环境中负责的经理，在与来自于其他图书馆系统的同事们一起工作的时候，将需要采取双方能更加达成共识的工作方式。复杂的问题是，在网络环境中的同行资源维度不同，但他们将在这个新的环境中产生同样的影响。在这种环境中，即便是大馆，也需要小馆的支持与帮助，不同图书馆系统间的资源共享就是例证，这种模式下读者能够从中获益，各图书馆也能获益，而用户并不关心资源的出处，网络环境下更是如此，对终端用户来说区别只是到手资源是实体还是电子格式而已。

　　当今图书馆界联盟组织的数量在未来十年将稳步减少，但在当今网络世界，他们将会在其图书馆成员间成为更强大的组织，并承担重大责任。联盟组织并不是图书馆界的独创但却非常适合图书馆环境。

图书情报界有很多不同类型的"联盟",其中一些是基于区域图书馆合作而建的,如美国俄亥俄州的 OhioLINK,该组织为州内图书馆联合资源采购而建。澳大利亚维多利亚州的 CAVAL 则最初为联合编目而建,之后其功能有所扩展,如联合存储利用率低的学术资源。尽管不愿承认,OCLC 仍是最大的联盟组织,其成交量为每年 5000 万美元,确实不是一个大型的联盟组织。SOLINET 则是真正的联盟,其成员馆超过 3000 家,涵盖全美大多数州,这又使得联盟本身得到强化。目前,PALINET 和 NELINET 与 SOLINET 合并为 LYRASIS。

本章无意穷尽所有联盟的性质、管理及目的,但联盟仍是能够促进图书馆联合发展的法律组织。

新兴的趋势

如果有人怀疑互联网的力量和效能,奥巴马作为美国第 44 任总统的就职典礼为此提供了一些有益的经验教训。"调查显示,1 月 20 日的就职典礼是第一次通过互联网收听人数大于电视的盛大现场活动"①,但是,在互联网的环境下,对图书馆来说,问题是什么呢?

---

① TV industry needs to log into the future. *South China Morning Post* LXV(33):B10(2009－02－04)。

练习

你和你所在的图书馆存在什么问题？每个图书馆将在其自己独特的环境与自身的压力下运行。本章所列出的问题对今后工作可能会有帮助，但仅仅起指导作用。

第1部分

1. 你的母体组织当前正在处理的压力是什么？

2. 你的组织认为在未来三年内什么问题是重要的?

3. 你的组织是否在进行战略性的思考和行动？

第2部分

1. 列出问题并分别从合作组织的角度和图书馆的角度来设定其优先级是非常值得一做的。

第三章　未来与过去:模式变化

关于本章

本章将以过去展望未来,这样我们可以审视我们如何看待未来,如今我们利用工具创建未来的起点。回溯过往,我们可以看到联盟在图书馆的发展中起了很重要的作用,而未来也仍旧如此。我们还将审视商业模式对图书馆的意义尤其是当我们在情境规划过程中试图改变图书馆运营模式时。

镜像的作用

镜子能够帮助我们正视自身从而正视现实,这也许是残酷的也许是乐观的,取决于我们对于自身的看法。

后视镜也是一个强有力的工具,通常装在机动车上用于观察我们所看到的情况,这是一种过去式的图景,虽然是最近的过去,但毕竟是已经发生的过去。根据后视镜中观察到的情况前行虽然困难但是却很有趣,很多作家试图如此让我们获知不同时段的情境。因此后视镜是我们感知过去、现在甚至未来的有效工具。

正如第一章所述,历史是非线性的,但是我们从 A 到 B 的行进过程通常充满了决策点和障碍,这有可能使得我们迈向不同的结局。预测未来通常是困难的,但是我们可以透过后视镜进行预测。在生活中，如果审视过去，我们还是能够回忆起关于某事的想法及感受，在我们的职业生涯中也是如此。我们脑海中仍然可以浮现不少有关场景的想法：当我们初次意识到卡片目录的电子化版本时、意识到个人电脑在图书馆中利用时、意识到因特网有可能为图书馆呈现数字资源时、图书馆资源可以通过数字化方式传输给用户而不论他们处于什么物理位置。回溯过去，我们可以从特定的角度了解当时对于未来的看法，这些看法通常是"不充分"的。回首过往也能够让我们重新忆起能够通向现在的不同选择。回忆我们过去的想法，也许未来之路会被认为是线性的，当回首过往，我们开始审视能够影响未来发展的所有要素。当期刊论文开始在 CD 上发表，很显然这是一个喜人的趋势，然而，很快，内容的丰富就会使得传输工具显得不够。此部分包含两方面特征：通过数字方式传输的内容是通向未来的；

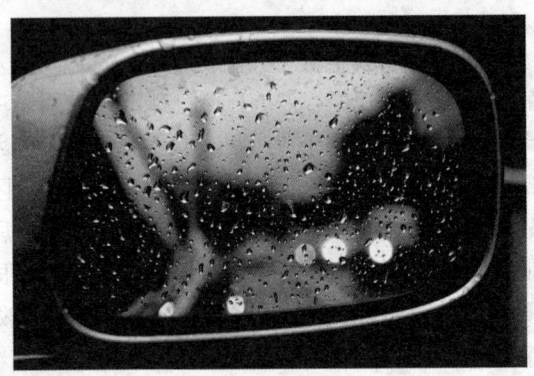

图 3 - 1　后视镜

图片来源 http://hobbsie. smugmug. com. 已经 David Hobbs 允许。

需要新设备传输内容。在规划阶段没有必要确定使用何种技术但有必要明晰未来发展方向:规划数字传输、规划海量数据内容传输,甚至规划海量资源的逐步数字化。

练习

什么是后视镜? 预测未来是困难的,但是当我们回首过去我们能够忆起当时的想法以及当时对于未来的预测。

第 1 部分

1. 试想第一次看到胶片目录的情景,你当时做何感想?

2. 这是你第一次使得卡片目录在整个图书馆存取变成可能吗?

第 2 部分

1. 回想一下你对以上发展趋势的想法,你是否预见了联机目录的发展?

2. 图书馆目前现有的技术都有什么,他们如何被取代?

3. 新技术变革的影响都有什么?

4. 这种变革是否开始影响图书馆物理建筑的性质及需求?

图书馆模式的转变

图书馆就是图书馆,起码过去是这种模式。图书馆收集资源并向读者提供服务,过去 40 年综合团体的出现使得图书馆界发生了巨大变化,服务效率大大提高,这也将在技术上取得更大的进步。技术使得图书馆变小、变得本地化,而并不需要大型中央电脑系统。综合团体也变为联合体,如今全球有很多联合体。

生活中的联合体

现代图书馆的要素之一就是其与一个或多个图书馆联盟的关系。每家图书馆至少加入一个联盟而多家图书馆属于多家联盟。多家联盟的出现能够促使图书馆实现不同的功能。利用"后视镜"追溯联盟的发展甚至评判其未来的作用及其与图书馆的关系也是非常有趣的。

联盟出现于 20 世纪 60 年代,主要是进行联合编目。像 BLCMP、OCLC 及 CAVAL 等组织建立之初就是通过维护联合目录、提供复制工具以降低成员馆编目成本。

以上事实确实对图书馆服务及馆员产生了巨大影响。编目部门曾经是相对独立的,随着联合目录的发展,这些部门之间变得密不可分并逐渐统一。后视镜工具或许可以预见到编目员工的逐步减少。

很显然,编目部门将与区域性机构融合,这种情况下,图书馆联盟的作用将对图书馆成员馆及其员工产生重要影响。这是技术改变图书馆行业的例证。这种变化是渐进的但确实是重要的且不可逆的。编目的实践、标准规范或许已经发生了翻天覆地的变化,但是对高质量数据的追求却是不变的,这一准则将贯穿整个行业发展历程。

OCLC 衍生出的组织有很多,如 SOLINET、PALINET、

AMIGOS、NELINET 等在区域范围内为 OCLC 提供业务支持。但逐渐地这些组织也在其成员馆中各司其职,甚至建立其管理机构。回首过去,计算机批处理数据(如目录数据)的能力是这些组织产生的主要驱动力。在一定层面上来说,由技术驱动产生联合机构同时机构改变成员馆模式及业务的模式将继续存在。联盟在这些年间发挥了很好的作用但同时其自身也在变革。

在图书馆界,我们还发现一些联盟机构致力于促进不同业务的发展,而不仅仅是编目。如为成员馆收集学术资源的研究图书馆中心(Centre for Research Libraries, CRL),低利用率学术资源共享存储机构 CAVAL 等。此外还出现了组织机构的联盟,处理资源联合存取、电子资源相关业务等,如国际图书馆联盟(ICOLC)。故目前联盟能够促进图书馆员实现资源建设目标。

联盟的角色变化及压力

每一家联盟都以不同的方式发展以更好地服务其成员馆,包括馆员发展项目、咨询服务、低利用率书刊合作存储及多语种编目服务等。这些发展项目一直在演进,尤其是随着成员馆间数字设施合作的增强则更为明显,佐治亚州亚特兰大的 SOLINET[①] 在这方面一直处于引领地位,该组织包括 2500 家成员馆,在数字资源采购方面为成员馆争

---

① SOLINET 最初与 PALINET 合并为 LYRASIS,后来 NELINET 与 BCR 的加入使得联盟得以扩大。

取了相当大的折扣,还为全美所有希望订购 Lexis-Nexis 法律数字资源服务的图书馆谈下了折扣。目前在数字资源采购方面有较多的联盟组织,其中全世界范围内有 150 余家属于国际图书馆联盟。这种"联盟的联盟"会组织会议参与电子资源采购、定价、谈判及招投标等事务[1],因此联盟产生的主要驱动力之一就是降低成员馆预算的影响并为其联盟组织增值。当然,成员馆本身才是联盟的决定性因素而联盟的存在只是一种结果。从某种意义上说,其不能独立存在。确实,在目前经济危机的形势下,很多规模较小的联盟可能将不复存在或者与大型组织合并。SOLINET、PALINET、NELINET 及 BCR 已决定自 2009 年 4 月 1 日起合并为新的组织 LYRASIS,合并后业务范畴将继续[2]。每一家联盟机构都将审视自身的未来。SOLINET 的未来之路正是基于其自身的情境规划。具体情境将在本书第九章案例研究部分探讨。

显然,OCLC 的很多联盟组织都面临严重的财政压力,OCLC 正在经历"去中介化",即直接将其产品和服务出售给终端用户而不通过 SOLINET、PALINET、AMIGOS 及 NELINET 等联盟组织,当前环境下这种模式也非常重要。从 OCLC 的角度来说,这些机构在其服务传输及营销过程中已经不再重要。因此应考虑图书馆到底需要多少联盟机构,这不仅反映其母体及兄弟机构财政压力状况,也改变了 OCLC 的境况:每年流失 5000 万美元的资金。当然,OCLC 的资金链并不依赖于其众多会员的会

---

[1] http://www.library.yale.edu/consortia(2009 – 03 – 08).

[2] http://www.mergerupdate.org(2009 – 03 – 08).

费,但其与成员馆的关系仍然和其他联盟不同。如前所述,会费的持续削减使其成为一种参与的象征而非可靠稳定的收入。

联盟作为一种组织机构,其未来有很大的不确定性,图书馆员对其也有很多期待。正如 Lyrasis CEO 凯特·内文斯(Kate Nevins)所言:联盟能够促进信息存取及管理并能提升人员及机构效率①。LYRASIS 的成员馆目前遍及全美 33 个州并在图书馆与联盟关系上发挥了较大作用。凯特尤其谈到联盟对于成员馆关系及联合个人合作和财富具有杠杆作用②。

基于以上变化趋势,图书馆、联盟及投资商之间的关系正在发生翻天覆地的变化,或许,透过后视镜我们可以看到这种关系起作用的关键时机。传统的图书馆及供应商之间的双边关系目前已扩展为包括联盟在内的三边关系,这种关系如何运作取决于三方的创造性,这三方关系中有两方是非营利性的而另一方却是营利性的,这种商业模式与之前完全不同并将不断演进。

我们的商业模式

本章已探讨过后视镜工具,而且我们将这种工具用

---

① ②　Nevins, K. (2010). Lyrasis: Great Expectations: Library collaboration in challenging times. Academic Librarian 2. http://www.polyu. edu. hk/ALSR2010/programme/presentation/Theme4 _ Nevins _ Presentaion. pdf(2010 – 06 – 20).

于观察联盟作为一种组织机构其与图书馆过去及现在的关系。目前应该探讨的是图书馆过去、现在及将来的走向,这仍可利用后视镜工具及第二章的颠覆性技术工具来实现。任一组织的运行模式都会受颠覆性技术的极大影响。运行模式本身是重要的,但在行业中其能够描述各方群体为其增值及发挥作用的情况。通常来讲,商业模式被认为是"营利"公司的专利,然而它们对于图书馆而言却是同等相关——除了货币不同以外。公司关注营利,而图书馆关注价值、信息及服务。

商业模式是创造经济、社会和/或其他价值的框架,因此商业模式在广义上正式或非正式地用于描述商业行为的核心方面,包括目标、供应、策略、基础设施、组织机构、贸易活动、运营过程及政策等。基本上,商业模式就是经营的方式,是企业维持自身生存的方式,也就是产生利润的方式,商业模式体现了企业获取经济利益的方式①。

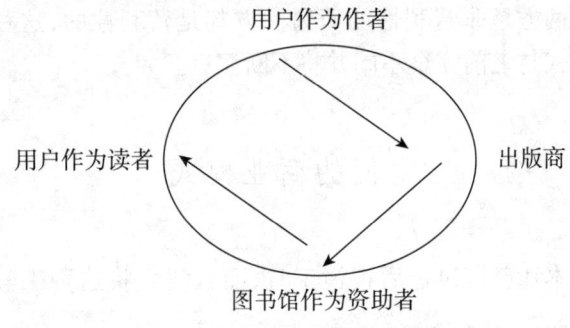

图 3 - 2　出版的商业模式要素

图片来源: Steve O'Connor。

---

①　维基百科(2009 - 03 - 14).

　　图书馆的核心业务一直以来都是进行资源采集、编目、存储并提供利用。这是传统的图书馆运行模式。在数字时代之前,图书馆还起到书刊存档的作用。这种角色是通过收集、装订及存储实现的。出版商则很清楚他们的运营模式是以印本形式收集、出版并向图书馆及用户传输资源。在第一种模式中出版商从作者处获取内容,从图书馆获取资金,这种模式下图书馆的角色是资助出版并向读者传输内容。

　　但是目前情况发生了很大改变。出版商有了新的模式,他们仍有资金需求,但利润获取方式却多了很多,其中之一就是从图书馆订购服务中获利。

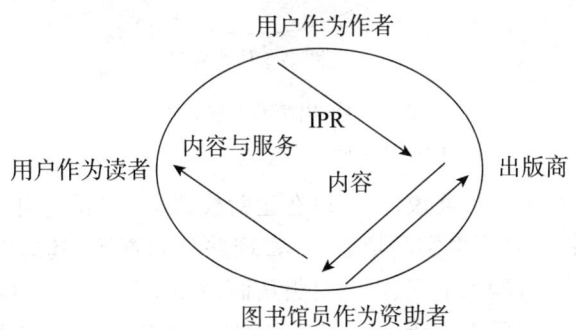

图 3 – 3　出版的商业模式流

图片来源：Steve O'Connor。

　　另一种商业模式是出版商向其他机构或群体出售内容(目前是非公有领域内容,即保护期为作者终身加去世后 70 年)。还有一种商业模式是出版商将其服务和内容直接出售给终端用户,并不通过图书馆。也就是说,出版商同时运用新旧商业模式出售内容。此外,他们在版权法框架下通过强化对资源内容的所有权,也使其地位得到加强。在内容从作者到用户的传递过程中他们仍是合作伙伴,但却有更多的选择来传递内容以获取利润。本节图表展示了新旧运营模式。当然还有许多其他模式并不包含图书馆。

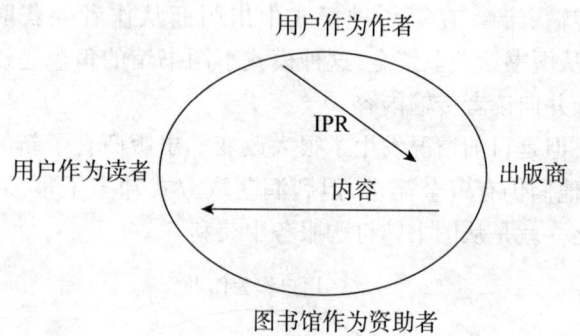

图 3 - 4　出版商业模式 1

图片来源: Steve O'Connor。

从另一方面说,图书馆在运营模式上,施展空间十分有限,因其不再实际地收集、整理并存储资源,其运营模式为通过购买书刊、资助出版从而向图书馆用户提供,这种模式本质上并无不妥,但问题是大多数读者在使用网络资源时并未意识到图书馆是这些资源的组织者和资助者。

中文中有"危机"一词。该词有双重含义:"危"意味着困境,而"机"意味着机遇。对图书馆来说,困境是在某些商业模式中可能会被边缘化,机遇则是能够创建未来的新模式。

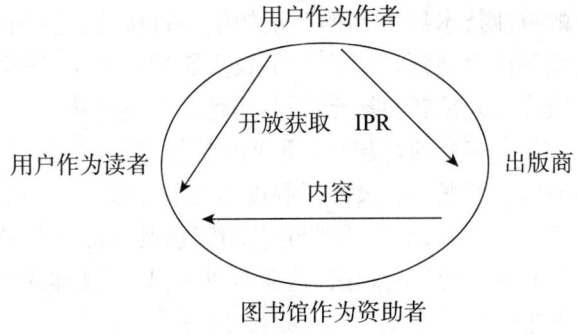

图 3 – 5　出版商业模式 2

图片来源: Steve O'Connor。

　　第二章我们已就颠覆性技术进行过探讨。但对图书馆来说,仅仅是向数字图书馆的转变就已经是很大的颠覆了。数字化使图书馆运营模式发生了翻天覆地的变化,即颠覆了传统的运营模式。这一点从图书馆建筑的使命变化(从存储到学习)中可以得到证明。以前用于存储的空间大幅削减,而用户空间至少翻番。那么未来图书馆的基本模式如何?

未来商业模式

　　未来图书馆的商业模式当然是千差万别的,正如前所述,联盟也将会整合到图书馆之间的关系中来。未来,图书馆将更多地利用联盟传递其资源和服务。通过合作,他们能够做得更好。从很多方面来说,这都不是联盟地位的提升,而是图书馆角色和地位的重构。这些都是由于颠覆性技术所引起的。正如第一章所述，这些技术对出版和社会交流环境产生了较大影响。未来，图书馆和联盟将互为扩展和补充，但其角色和作用各异。

在复杂多变的环境中，重要的是管理行为，但是，单个图书馆中习惯了层级汇报制度的馆员会发现联盟的运营环境大不相同，后者需要全新的管理及人际交往技巧以实现业务及行为的和谐，这非常重要，只有这样才能实现图书馆的目标。

第四章　认识选择

　　如果你只将选择局限于可能或合理的事项，那么你就是与自己真正的诉求渐行渐远，剩余的就是妥协。

　　　　　　——罗伯特·弗利兹（Robert Fritz）[1]

关于本章

前述各章主要论述了情境的本质，以及如何理解未来的性质和颠覆性技术的影响。本章旨在论述上述情境相关的选择、各种选择路径的本质以及处理看似截然相反的情境。本章还将论述三种主要方法，这三种方法始于简单，然而中间路径复杂最终却具有极大的不确定性，可以共同使用也可以独立使用。第一种通常称为"轴的不确定性"，第二种可称为"情境转换"，第三种则称为"未知的未来"。这些方法都可以帮助我们在一定的节点做出决定。

何谓选择

　　我们每天都在做各种选择。如果没有选择，生活可能会变得索然无味。我们主动选择远比被动接受更重要。通常来说，选择关乎程度。比如喝酒，我们可以选择少喝或多喝，

---

[1]　http://thinkexist.com/quotes/robert_fritz（2010 - 07 - 20）.

影响也不同。选择多喝会对健康产生影响。健康也可视为一种选择：是追求更好还是无视。不同的酒类，如红酒、白酒或泡沫酒所含物质不同，味道也不同，这都是我们不同选择的结果。图书馆也是如此。提供服务的层级、提供印本或电子资源服务的速度、与他人或他馆合作的程度、提供服务的方式、面对面或是自动传输等，都是可以选择的。

选择的第一步就是明晰组织机构中各种事项的范畴。这样员工能够清楚其自身相关事项。从某种程度上来说这甚至反映了机构内的复杂性和多样性，还能够揭示隐含的重要事项。

选择通常受开放讨论和多种观点的影响。因特网本身就是开放观点的场所，但却不是促进开放思想以及产生客观观点的场所，实际上，因特网甚至使我们变得更加僵化、封闭。凯斯·桑斯坦（Cass Sunstein）认为媒介的影响正在降低，而专业领域信息的影响正在提升，如有线电视、能够定制新闻的网站。桑斯坦认为在这种环境中，我们只关注自己真正感兴趣的内容并鉴别他人的立场和观点，因此而避免真正的民主交流①。

如果一个机构正面临改革的关键时期，那么各方员工都广泛参与规划过程中就显得尤其重要，规划过后就是实施的阶段。在规划之初就让员工置身于一系列事务中只能使他们在心理上对变革的事实有所准备，对于变革焦虑的管理从一开始就非常重要。下述练习将从员工

---

① O'Connor, R. (2009). Word of mouse：credibility, journalism and emerging social media. Joan Shorenstein center on the Press, Politics and Public Policy. http：//www. hks. harvard. edu/presspol/publications/ papers/discussion_papers/d50_oconnor. pdf：10(2010－07－20).

的角度展示一系列问题、同等级别员工的问题、一度不被认为重要的问题。

著名作家 G. K. 切斯特顿(G. K. Chesterton)曾发表著名的言论:"我的成功归功于善于倾听,但行为却完全相反。"①切斯特顿以悖论著称。从其理论中我们可以看出,即使是悖论,也应视为可行的、可变的选择。下述类似练习会在组织员工中催生焦虑情绪,但也能够催生对这些焦虑情绪的探讨。

练习

此部分练习旨在使所有馆员在规划之初就参与进来。

第 1 部分

1. 分别在便签上列举影响图书馆未来的五个问题。

2. 无论是什么层级的员工,只要他们认为对自己或组织重要的问题,均可列举。

3. 所有员工将列举问题分为大类,如人力资源、预算、建筑、资源等。

第 2 部分

1. 就每类问题进行深入讨论。

2. 每类问题的衍生问题是否显而易见? 有没有共性的怪异的问题存在?

3. 将每人的问题分别列举出来,看每个问题出现的频率。这很重要,因为大家可以看到自己列举的问题是否采用从而在去留问题上有所权衡。

---

① Chesterton, G. K. (2003). Quoted in Laura Moncur's Motivational Quotations. http://www. quotationspage. com/quote/1923. html (2010 – 07 – 20).

结合前述各章所论述内容,我们重新审视图书馆所面临的问题。如果我们完成了第二章的练习,我们就能够理解自己关于未来五年或十年业务发展的想法,如图书馆对内容本身的依赖,对印本、数字或网络的依赖等。我们还将会发现这些变化对于预算、员工水平以及技能要求的影响。所有这些都会因人而异、因馆而异。重要的是我们开始认识到环境的不同。变革是迟早会发生的,而且速度远超过我们想象,所以在这个过程中我们必须做出选择。

在论述颠覆性技术时我们已经审视了图书馆环境,并且看到技术是能够实现融合从而改变组织运营的。PC就是一个经典案例,"云计算"的出现也会有类似影响。然而对于图书馆来说,数字内容的传递已经颠覆了图书馆的运营模式,这引起图书馆重新审视自身及其用户、供应商及联盟的关系。当前环境是复杂的并且充满选择,如果技术已经影响到图书馆运营模式,那么在规划阶段强调这个要素就显得十分重要。

颠覆性技术能够重新作用于图书馆以及整个行业的各个部分从而产生影响。如出版商对于内容所有权的限制对图书馆经济状况也会有所影响。便携式设备如 Kindle、iPad 的普及也会对出版的本质以及出版商发布内容的平台产生影响。出版模式将与变革及其对资金流的影响共生共长。

在选择中创建情境

坐标轴的不确定性

本章将开始探讨创建简单及复杂模式的情境。鉴于很多问题的复杂性,我们先从简单开始。如前所述,选择通常是连续的,通常会走极端。下述两个例子就反映了情境构建的过程。在日常生活中,我们遇到的两种选择通常是与经济状况及天气状况有关。如图4-1。

富有 – – – – – – – – – – – – – – – – – 贫穷

天气炎热 – – – – – – – – – – – – – – – 天气寒冷

图 4 - 1　坐标轴的不确定性

图片来源:Steve O'Connor。

表面看来,这两类选择关联不大,但把他们放在一个坐标轴就能够产生潜在行为的四个象限。

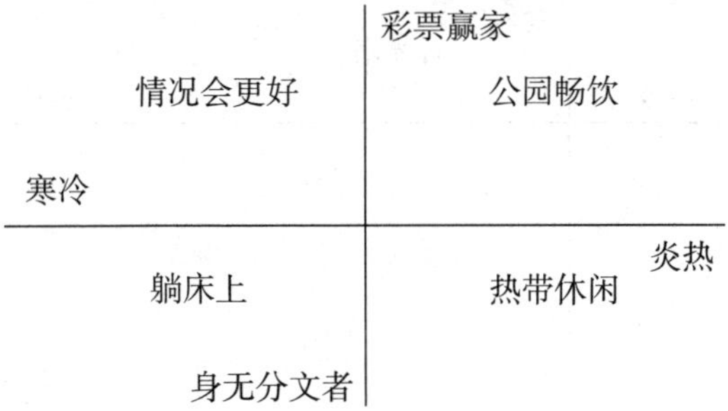

	彩票赢家	
情况会更好	公园畅饮
寒冷		炎热
躺床上	热带休闲
身无分文者	

图 4 - 2　不同情况的展示

图片来源:Steve O'Connor。

在这个坐标轴中,如果每一个象限作为一个情境,每一个变量都能够产生不同的选择。图中的环境可以产生四种情境,但是每人所处坐标轴的位置有所变化时,选择也会有变化。要素之间的联系程度也会对情境有所影响。

这个问题在本章之初已探讨过,参与练习的员工将提出很多与上述类似的问题。

确实,由于束缚图书馆的诸多问题存在,前述练习清单中所列事项确实应该进行分析,有些问题可能会使图书馆员工产生焦虑情绪,那么就有必要构建不同未来的发展方向,这些构想有可能引起关于解决办法的调研,也有可能仅仅引起更多构想。在这个阶段,重要的是保持思维的开放性以接纳不同的观点、不同的结果,尤其是没有预料到的结果。

与图书馆相关的案例也可以用图 4 – 3 的坐标轴方式来展示。

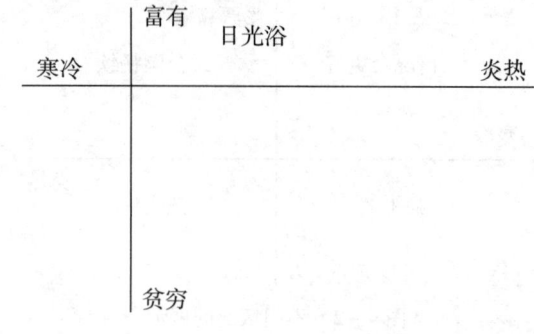

图 4 – 3　坐标转换

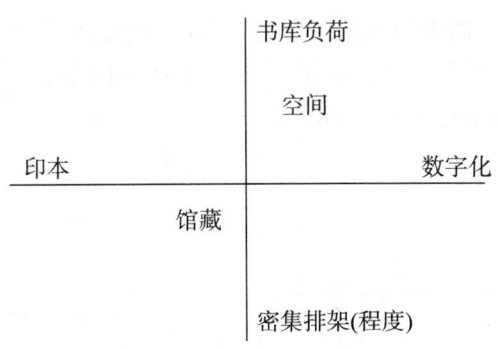

图 4 - 4　图书馆坐标轴

图片来源:Steve O' Connor。

　　这里有两个关于选择的问题。每一个象限反映的情况都不同。我们从第二章开始预测在印本与数字资源并存的时代,我们将何去何从,如果我们确信图书馆在数字化方面已经取得了长足进步,那么可以根据目前情况做出不同的选择,如果是这样,图书馆物理馆舍的作用就有待商榷。

　　图书馆物理馆舍有可能开发新的功能,如成为类似于学习社区的空间。在这个象限,图书馆情境规划的作用可能能够通过对于颠覆性技术以及图书馆等组织机构的选择的探讨中反映出来。但是图书馆的发展方向已经开始规划,如果将图书馆置于“数字化”及“密集排架”的象限,那么图书馆的未来将大不相同。这可能导致内容数字化的加快而印本资源需与数字资源协调管理。

时间节点的选择

　　我们可以引进时间因素以使情境规划的过程得到延伸。在这种情况下,出现了两个问题:外包以及人工与自动化的协调。在目前的经济、技术及教育背景下,这两个问题总是高度相关的。目前图书馆的经济状况是财政预算可能较紧,图书馆也正寻求出路,外包问题看似一个问题,实际上还有其他问题。

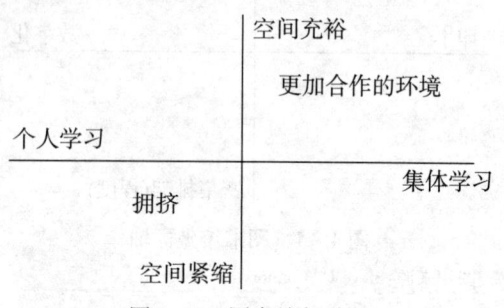

图 4-5　图书馆与学习

图片来源:Steve O'Connor。

人工及自动化的协调问题产生于资金压力,也是Web 3.0 技术影响的结果。Web 3.0 技术被称为语义网技术,能够更灵活智能地领会用户需求并检索相关信息。Web 3.0 为图书馆未来服务带来了巨大的潜能,同时也带来了威胁。所以这是个必须要论述的问题。Web 3.0 时代图书馆该如何定位?

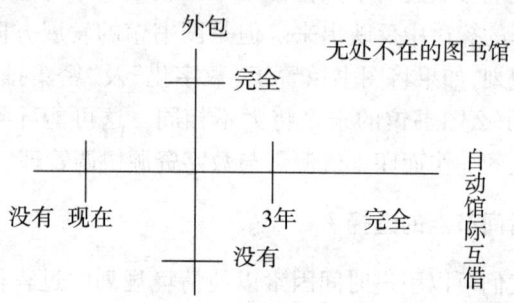

图 4-6　图书馆坐标轴与时间转换

图片来源:Steve O'Connor。

在本例子中,外包与自动化交叉的象限可被描述为无处不在的图书馆。在这种情境中,图书馆可能不会出现,但却非常依赖于 Web 3.0 技术以使图书馆用户能够自己使用信息系统。同样地,也可以将时间及状态指针应用坐标轴上。这样,我们就与自动化相去甚远。

至少三年内图书馆还有很长的道路要走。这有两方面的问题:一是情境使得图书馆开始考虑也许曾经忽略的未来,这在规划层面、组织层面、机构层面仍是允许的;二是情境使得图书馆目标明确但选择也多了起来。这种情况下,图书馆没有必要完全依赖于外包或数字化,在可能的情况下,它能够明确现在和未来的发现方向,这时就会出现规划或愿景而不是被动挣扎,明确从这种方法中可预见图书馆的战略方向和未来(如图 4 - 7)。

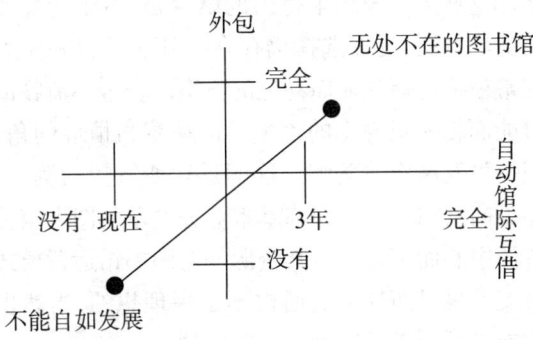

图 4 - 7　正在出现的图书馆情境

图片来源:Steve O'Connor。

我们在做分析练习的过程中会发现策略问题及四个象限中的情境越来越困难。在坐标轴移动的过程中,对图书馆来说,时间轴及从一种战略情形(无路可走)到另一种(无所不在的图书馆)的可能性也会增大。

时间轴的例子也可用于部分或部门的情境规划。也许外借部门应该会乐于独立规划其定位。采访部门的情形应该也类似。以上例子,即从简单到复杂,同样适用于部门规划。

更换情境

利用"坐标轴"不确定性方法以及上述练习中探讨的相关问题,能够产生一些新观点。因此,很多问题都可用坐标轴方法进行分析和解读。即使是之前看似毫无关联、纷繁复杂的问题,也会得出很多有趣的结果。各象限中关于情境结果的分析也会带来新的可能性。这是非常自然的,也是有益的。

运用这些方法及结果得出的结论是:由于情境使问题的范畴更加宽泛,更多选择仍存在。处于危机和压力中的机构常常被迫选择最显而易见的方案。资金不流畅的联盟组织可能面临缩减规模的困境。但从智力情境的角度看,该组织也可发展而非萎缩。这就是切斯特顿的例子:随波逐流还是向反向发展。面临基本业务变革的图书馆可选择成为资源中心而不是维持其资源并对图书馆运营模式做出本质改变。最显而易见的通常不是最理想的,当然也不是最有效或是最利于长期可持续发展的。

解决的办法通常是矛盾的,即悖论①,意识到这种现象能够产生多种解决办法。矛盾通常让我们更加盲目并限制

---

① 悖论即一个或一组自相矛盾的观点. 维基百科(2010 - 02 - 12)

我们前进。我们可以不假思索、轻而易举地否定一种方案。在萎缩时发展本身就是矛盾。这种荒谬的情形我们显然不会接受，这不合逻辑。不随波逐流也很难发展，若要图书馆没有书，这显然与其本质相悖，也很难接受。并不是这些相悖的观点就正确，但通过这样的分析，可设定出较有利的情境。因此，悖论也可以是有益的，它能使我们思考正常思维之外的问题，这正是我们要达到的思维目标。

理查德·法森（Richard Farson）的名著《荒谬管理》（*Management of Absurd*）探讨了矛盾及悖论相关问题[1]。在书中他反复阐述了这样的观点：人类宣称要有所成就，但最终却发现变革的可怕。他认为开发创意相对简单，但实施起来却困难重重。"创意的主要问题是每一个新想法都需要管理者及实施者经历变革"[2]，真正的创造性需要突破变革并通常打破常规[3]。创意及新思想又通常有被认为特立独行的风险。如果我们寻求突破，本书前述各章已阐明：若我们无动于衷变革同样会发生，并且会以我们始料不及的速度发生。渐变将耗尽组织发展的潜能。变革需要决策，即使不需要立即行动，但仍需有既定方向。

上述方法可构建于"坐标轴不确定性"工具及第二章和第三章涉及的工具，大量的投入可从科研中获得，分析练习也可获取灵感，这种方法利用工作组得到投入及灵感以获取替代情境。

---

[1][2][3]　Farson, R. (1996). *Management of the Absurd*. New York: Simon and Schuster.

想象力

情境是想象力的产物，是对于图书馆有可能发生的未来相对合理化的构建。想象力的运用对于情境的构建至关重要，其运用也使得对于未来构建的兴趣加大，让我们从乏味的日常生活中解脱出来到达完全不同的境地。

要想增强想象力我们必须维持情境的合理性。这并不妨碍我们跳出固有模式思考。情境应该是充满想象的、合理的、令人兴奋的、具有挑战性的，是关于人员、信息、空间（或无空间），但能给读者真正认识自我的感受。不是所有的情境都对读者有同样的吸引力，这正是讨论的焦点。运用想象力正好可以解决这个问题。

始料未及的未来

此部分为前两种情境构建方法的逻辑延伸，是"最不可能"策略。报纸充斥着有关日常生活的耸人听闻的事件。许多都是不可预见的、发生在他人身上的。一般来说都是非正常事件，超出了我们的想象范围。我们预料不到回家路上被货车撞击或是遭遇房屋坍塌，若能够预料，也不会允许其在正常计划或生活中发生。我们不会去想不能想象的事情，因此不会允许其在计划范围内发生。"9·11"事件就远在人们意料的可能性之外，这并非政府官员计划所为，而是一个概率小于1%的危险事件。这是最极端的事件，当时震惊了美国副总统，他要求美国安全局为1%—2%概论的事件做出预警。这当然成本很高，但他认为非常必要。

那么为图书馆做规划是否也需要考虑到2%的可能事件呢？也许需要，也许不需要。但是风险的评估却是对未知情境的良好提醒,本章已讨论过替代情境及其他变化情况,因此考虑到极端情形也是非常重要的。要记住:对我们来说,未来不只一种可能性,而是有很多种。所以,在这个阶段,我们要涉及许多情境,没有考虑到的情境也能为最终的情境提供灵感。

近年来很多作家都预言了图书馆及纸本书的消亡。理查德·华森(Richard Watson)的书《未来的文件》(*Future Files*)①阐述了 2000—2050 年的消亡时间表。他进行了一系列预言:2019 年图书馆消亡,2020 年版权消亡,2023 年电脑消亡。这三种预言若能实现,将对我们的规划产生影响。

如果版权取消我们将何去何从?这将昭示印本时代思想表达方式的巨大变革。接受图书馆的消亡近在咫尺。虽说这个话题已被公开谈论,有时甚至好像很快要发生了,但还是很荒诞。这是一种极端的情形,也许发生的概率很低,但没准真会成为现实。我们该何去何从?

保持选择的开放性

本章旨在探讨创建新选择、新情境,防止遗漏更好的方案。过早遗漏就是破坏前述各章分析的结果,以及前方的各种可能。本章还试图开始构建多种选择,将其看作潜在情境,并考虑到极端情况。

下一章将探讨如何使用户、投资商等共同开发更大价值。

---

① Watson,R.(2008).*Future Files*. London:Nicholas Brealey Publishing.

第五章　迈向新思维

关于本章

本章初衷是以更丰富的思维促进未来决策。考虑如何调动尽可能多的员工参与决策是非常重要的,也是困难的。但让人们考虑自身以及表述观点更加困难,切实做出选择以及获取一系列观点的前提是广开言路。本章旨在调动最广泛的员工参与以及表达观点。

如何组织决策

凯斯·桑斯坦①已就如何在思考的过程中进行决策做了大量探讨。在任何一种思考情境下避免思维趋同都是比较重要的。这种情况下各种想法不会在真正的情境下进行检验:某种程度上的统一一般来说还是呈现结果的较为合适的途径,特立独行的观点一般会被拒之门外。

艾尔芬·詹尼斯(Irving Janis)认为"团队有利于促进非统一性及个人价值,不利于整合信息并扩大争论的范

---

① Sunstein, C. (2006). *Infotopia*. Oxford: Oxford University Press, p. 11.

畴"①。这种观点被广为认同。这种情境规划过程的核心是使个人的价值最大化。而图书馆由于环境不利往往很难实现这一点。桑斯坦认为美国中央情报局之所以没能正确辨识伊拉克武器问题，部分原因就是思想集中的弊端，没能正确利用个体收集的信息，他还指出了个体收集信息正确而集中决策错误的另一个例证：哥伦比亚宇宙飞船事件，团体总是下意识地设定正确与错误的标准。

在任何情境规划过程中，信息收集都需要时间及内省，这同时也是群体行为。通过团队合作可以建立起人员间及其与收集信息的和谐关系。若给予足够的时间，团队成员间就有更多相互了解及交流的时间。从其他来源的信息收集的信息也就和另一方发生了联系。奇怪的联系也会发生。这方面的典型例证为《查尔斯顿报告：图书馆界的商业观察》(*The Charleston Report*: *Business Insights into the Library World*)②，这份简短的报告描述了不同来源的信息、数据之间的联系。其间的观点也引起了关于未来单个图书馆发展的讨论，另一份报告《存取：亚洲电子报纸产品与服务》(*Access*: *Asia's Newspaper on Electronic Services and Products*)③，这份报告出自亚洲信息服务提供商 iGroup，但是编者克莱夫·颖(Clive Wing)试图捕捉目前论文中易于解读的典型问题。科研对于开阔眼

①　Sunstein, C. (2006). *Infotopia*. Oxford：Oxford University Press, p. 12.

②　The Charleston Report：*Business insights into the library world* 由 Charleston 公司每两个月出版一次, ISSN1091-1863。

③　http://www. aadvarknet. infolaccess/number44/monthnews. cfm? monthnews = 01(2010 – 07 – 20).

界是非常重要的。

认识分散观点的另一种途径是了解霍华德·加德纳（Howard Gardner）的工作,在智力方面我们对于"聪慧"的认识也发生了极大改变。加德纳对我们关于智商、创造性及领导力的一些问题进行了深入的阐述,他受过社会学和教育心理学的双重教育,在创造性研究方面取得了重大突破。《多重智商理论》(*The Theory of Multiple Intelligencees*)于 1983 年首次出版,他在该著作中定义了七种智力:

(1)语言能力:这种能力以诗人为最典型。同时也是写作与表达能力及在多语言环境工作的能力。

(2)逻辑/数学能力:不仅体现在逻辑与数学方面,还体现在科学与商业方面,社会上普遍的观点是有经济头脑的人能够取得商业上的成功。

(3)空间能力:是在头脑中体现周边世界组织机构的能力。同时也是在三维空间工作的能力。当我们谈及"没有围墙的图书馆"时,我们就需要不同的空间意识。这种能力以建筑师及艺术家为最突出。

(4)音乐能力:这是自我解释能力,是另一种平衡及韵律能力。

(5)运动能力:以舞蹈家及运动员为典型,利用肢体动作演出。

(6)人际交往能力:与他人相处的能力以及鼓励他人合作以达成某种目标的能力,是作为领导的核心要素,在变幻的世界,这是一项重要的领导力要素。

(7)内务关系:这项能力使我们超越自我,它反映了一个人对自身及工作和个人经历判断的能力,而不是继续咨询或进行决策①。

　　澳大利亚的阿利斯泰尔·曼特(Alistair Mant)在其著作《智能领导》(*Intelligent Leadership*)中写道:"现代教育系统的影响是过度地教育了'狭隘的人们'(具有较强的逻辑/数学和语言能力但忽视其他能力的人)。"②通过本书我们试图认识到我们不是经常以常规方式思考的。体系总是以我们更舒适的方式被创建。只有当我们接受以不同的方式来进行的任务时,我们才会绞尽脑汁去想解决熟悉问题的不同方式。如果我们要重塑图书馆,我们是否能够做到? 曼特在加德纳的基础上寻求一种说法以解释不同领域如何努力寻求突破,这些努力能够彻底改变该领域的运营方式。同样地,我们也可以对他人对于图书馆未来发展的看法做出评价。加德纳是从他调研的人群中归纳出不同人群的不同能力特长。其研究证实领导层或行业领军人物并不具备一些标准的资格认证。他们的思维经常卓尔不群。有些事物常人只能想象,而他们却已看到。爱因斯坦曾说:"想象力比知识更重要,知识是有限的而想象力包围着世界③"。差异化的观点和看似离经叛道的想法通常会给团队带来新思想、新观点。

　　正如曼特所说"决断就是你不知所措时的行动"④。

------

　　① 　Mant, A. (1999). *Intelligent Leadership*. Sydney: Allen & Unwin, p. 41.

　　② 　Mant, A. (1999). *Intelligent Leadership*. Sydney: Allen & Unwin, p. 40.

　　③ 　O'Connor, S. (2006). The heretical library manager: The library manager for the future. *Library Management* 27(1/2), pp. 62 – 71.

　　④ 　Mant, A. (1999). *Intelligent Leadership*. Sydney: Allen & Unwin, p. 48.

领导力的实质是改变,是以不同的角度看世界,并能够让团队成员配合,将变革变为常规。要做到这一点必须认识到未来图书馆如何满足用户需求,这是深入了解图书馆运营模式的需求,运营模式界定了图书馆为用户提供服务的范畴以及图书馆之间甚至与出版商及行业间合作的模式。反面的例证是传统的运营模式,也就是出版商订购模式。出版的经济成本已通过订购由图书馆承担。订购量越多,利润越多。重要的是商业模式能够实现作者与读者间的同行评议信息交流。出版商提供渠道而图书馆提供资金[①]。因此,与众不同的领导与思想有一定的共性。

练习

此部分练习旨在促进想象与创造。

第 1 部分

1. 如果我们考虑新的出版模式及图书馆的处境,将会怎样?

2. 现有的出版模式会在出版周期中有所反映。

3. 每一位参与者都应懂得出版模式中资金的位置。

第 2 部分

1. 就现有模式存在的问题充分探讨。

2. 分成小组,设计新模式。

3. 重新合并成一个组,统计共设计了多少模式,有多少模式是真正不同的。

---

① O'Connor, S. (2006). The heretical library manager:The library manager for the future. *Library Management* 27(1/2),pp. 62 –71.

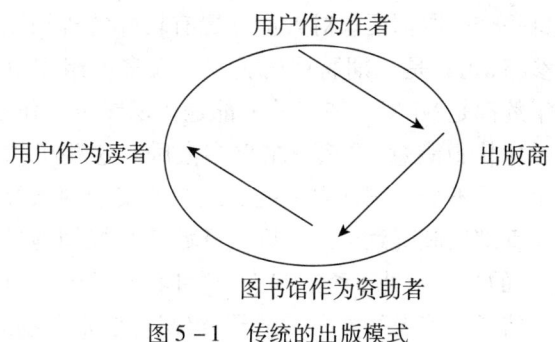

图 5 - 1　传统的出版模式

图片来源:Steve O'Connor。

所有的都是显而易见的吗?

　　进行任一情境规划的主要原因都是更好地规划图书馆的未来。该未来时限范围应至少以 3—5 年为限。从前述各章描述不难看出社会及技术变革是非常迅速的,只有在这种时间框架下我们才能寻求新的定位,并在这些变革中有所作为。但也必须认识到这个过程中始终有变革在发生——不变的是变化。对于各层级员工来说,应对变革是困难的,尤其是这些变革贯穿于所谓完美情境的整个过程。那些认为变革对底层员工的影响大于高层的说法是错误的,其影响程度取决于员工的态度、在岗时间长短、职位及职业预期。因此变革管理是情境规划过程及其结果的主要组成部分。规划过程的参与对于实施阶段也是非常重要的。因此在这个阶段,认识组织发展方向是大有裨益的。

　　典型的组织发展轨迹包括 4 个阶段。

每一个阶段都要求对人员配置有较好的规划以使其充分参与,尤其是长期聘用的员工。大多数组织机构的退休年龄都是 60 岁。许多员工都是在现岗位工作多年,要么对现状很满意,要么寻求更多激励。这些机构也看似多年一成不变。例证之一就是组织的安于现状及深入用户和管理层倾听意见的程度。开始情境规划的过程之后,组织的员工就处于否定状态,这种状态反映出对于变化的不信任。若无外界太多干预,组织可照常顺畅运转。比较理想的状态是让所有馆员都参与规划过程以便让其思想(不管是积极还是消极)可以在信息收集及科研阶段发挥作用。

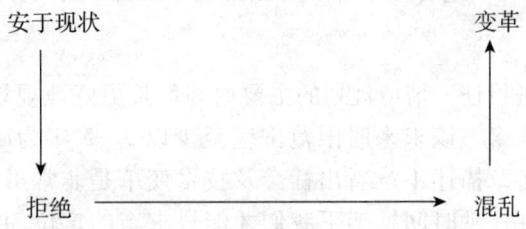

图 5 - 2　典型的变革过程

图片来源:Steve O'Connor。

对于任一向上述两个阶段发展的组织机构来说,容易发生的典型情形就是混乱,即常态受到威胁或改变的状态。个人工作的环境已经发生了重大变化,办公桌已不再是一个安全私密的空间,在这种情况下工作的拖延也以很多形式出现。研究表明人们对于变化具有盲目的乐观①。变化越遥远,拖延越明显。如果安于现状,变革就很难发生。在机构未来选择的问题上,参与是最重要的因素,要避免袖手旁观。

考虑到变革的势不可挡,应该注意到,在固定岗位上工作时间较长的员工在这种情况下会选择不同的岗位。如果不知道原因,员工参与程度就不会太高,也许他们对即将发生的事情更感兴趣。员工参与度不高不利于组织和谐。参与未必使人人受益,也未必人人都愿意参与。只有当机构允许这种差异存在,才能真正调动员工的参与程度并使其发挥作用。人们在很长时间内并不能认识到最终的变革阶段不能轻易快速实现。有明确规划的组织会较顺利地进入变革阶段,其中每个人的思想也会有差异。本书后续章节将就最终阶段的管理进行讨论。从另一角度来说,如果计划能够按部就班地实行,那么变革就能够发生。变革也是组织机构自省的方式。

因此,应对不同阶段可能发生的变革是非常必要的。在整个过程中员工的广泛参与能够促进准备工作的进行。从政治上讲,员工及用户(包括读者和相关管理方)的所有度越高,他们对于未来发展的长期贡献就越高。

---

① *The Economist*,2 January 2010,p. 55.

趋同

构建情境的过程中，创建完全不同的模型非常重要。若要实现真正的开放及创新则需要保持思想的自由，而这也非常不易。爱迪生的经典名言"天才是1％的灵感加99％的血汗"①则完全相反。正如加德纳对于智力的分析：智力的形式多种多样，优秀的思想也存在多种形式，只不过需要从群体思维中过滤出来，需要不同观点的融合。这个问题的一个方面就是：好的思想并不是全新的思想而是新的思维方式和融合的结果。安德鲁·哈雷登（Andrew Haragdon）提到了爱迪生发明电灯的经历②：爱迪生的首次专利申请曾被驳回，原因是其侵犯了另一发明人的专利权。"爱迪生的贡献并非发明电灯，而是改进发电机、电线、材料及运营模式并有效融合"③。图书馆也是如此。人们普遍认为图书馆的业务就是收集、存储并传播书刊信息。

---

① http://www. bartleby. com/59/23/edisonthomas. html（2009 - 04 - 12）.

②③ Hargadon, A. （2008）. creativity that works, Jing Zhou & Christina Shalley（eds）, *Handbook of Organizational Creativity*. New York：Lawrence Erlbaum Associates, p. 324.

图 5 - 3　趋同思维

　　另一种观点认为图书馆也涉及出版业务,只是此项业务已越来越多地外包给了出版商。从目前世界图书馆界对于出版商的开销来说,这笔外包费用确实是一笔很大的开支——简直是以数十亿美元计。也应注意到由于现金流、债务负担而引起的养老金支出过多。第二章关于开放获取的讨论就是用新方法解决老问题的例证,即通过不同的运营模式实现科学传播及同行评议。但是即便是"新方法",也还是有不同的模式:图书馆付费模式、作者付费模式及公共补贴或免费传播模式。每一种解决方式背后都隐藏很多其他方法。但现行的方法却很容易成为未来的负担。尤其是当一种思想在业内根深蒂固时是容不得其他想法的。在这种情况下,"趋同"的思维方式就会阻碍新思想的出现。不同的管理者出现在规划阶段会改变思想的活力使开放思想成为可能。只有思想的开放,才能使技术潜移默化地产生作用。这已在第二章讨论过。个人电脑的发明颠覆了大型电脑公司的思维。他们曾经墨守成规以至于不能接受一台小小的个人电脑取代其固有的商业模式,但事实确实发生了。

练习

此部分练习旨在以不同的方式思考,打破僵化思维。

第 1 部分

如果将日常生活或工作中我们认为重要的工具一一列举,将会如何?

通过审视已建立的工具概念及其起源及归宿,我们可以明白自满的危害。

第 2 部分

1. 每人列举自认为对自身工作生活影响较大的五种工具。

2. 分别从中选择一种与生活相关、一种与工作相关的工具。

3. 首先用头脑风暴的方式评估上述工具如何存在并如何发挥作用。

4. 用头脑风暴评估未来的选择何以出现成为未来的选择,要考虑到不同因素的出现。

MARC 记录对于现代图书馆来说已经非常重要,它使图书馆记录更有序并实现了全球出版物信息交换①。

---

① UKMARC 与 AUSMARC 合并为一种目录格式更加凸显了进一步的经济需求,这也使得中国的目录格式与上述格式不兼容。目录的逐渐消失不仅仅体现了经济方面的作用,更体现了图情行业的本质。

MARC 记录是随着电脑作为图书馆存储并共享描述数据的手段而出现的。结果就是 MARC 对于传统编目的颠覆性。而编目一度被认为是图书馆界的核心，也是未来图书馆发展的基础，还是图书馆学专业学生必修的核心课程。如今，现代编目部门几乎不复存在。而目前 MARC 记录的颠覆者则是自然语言检索，也就是著名的 Google Search 类产品。图书馆是否能够应对这些发展。目前 Google Books 和 Google Scholar 已经可以实现图书馆书刊信息的检索。但作为一个行业，我们还是努力维护 MARC 记录结构且还是不愿看到用户更加青睐搜索引擎。

在人们达成共识的事项中，其中之一可能会引起对其他战略性问题的忽视就是组织机构的规模。机构规模越大，工作流程越不易理顺。尽管如此，组织机构内部思想的交流机制还是很重要的。

如果情境规划有力，其他事情也就微不足道了。当然，这并不是说现有的组织机构、工具或服务不力，只是说本书中列举的工具应该被有效利用。

团队科研

作为情境构建过程的环节之一，尽可能多地收集图书馆信息，包括其运行、利用、用户利用情况。此外，统计学方面的信息收集也是非常重要的。包括图书馆馆藏类型、书刊出版情况、订购成本、财政拨款情况、员工数量及岗位级次。这样，与同行业图书馆、当地、全国甚至国际上的图书馆进行评估对比就会变得切实可行。此外，还应进行文献综述以了解影响图书馆及整个行业发展趋势的因素。当然，也有很多精辟观点存在于图书馆文献之外。对于团队来说，情境规划相关信息的收集是为了使其研究成果预测图书馆现在及未来发展的趋势。数据应尽量简洁有效，若有图表则更直观易懂。如果演示内容过多，每部分以点式列表标识并加以小结就非常有必要。总之，言简意赅、图文并茂将更行之有效。有关数据方面的个人观点不宜在此阶段过分强调。尽量多角度客观描述将会有助于后续阶段的全员参与。

收集有关组织机构所处的环境信息是至关重要的，但更重要的是其开放性和范围的广度。里丁·施瓦兹（Reading Schwartz）的观点极具指导意义。他用了一章的篇幅论述"信息收集"：

> 情境过程包括熟练的信息收集能力，这不仅是务实的，也是狭义的——收集事实是一个具体的情境过程——同时也是广义的，即是自我教育的过程，以使自身能够提出更重要的问题。调查不仅仅是获取事实信息的方法，还能促进观察能力的提升——即便你已有些先入为主的想法，但仍可寻找与之相悖的论据[①]。

在收集信息的过程中，务必保持客观、开放。戴维·

---

① Schwartz, P. (1991). The Art of the Long View. New York：Doubleday Currency, P. 64.

霍瓦斯(David Hawkins)基于经典中文著作《战争的艺术》(*The Art of War*)而写就的关于战略的著作这样论述危机的重要性:

> 对于商业机构来说,最大的风险是接纳抵抗风险的文化环境。这种环境将扼杀好的机会,有可能使气氛更加死板。更糟糕的是,这将使创新和横向思维趋于停止,而这些思维对于开拓思路是很有必要的①。

① Hawkins, D. E. , Rajagopal, S. (2008). *Sun Tzu and the Project Battle Ground*. New York:Palgrave Macmillan, p. 53.

第六章　情境创建

关于本章

本章旨在启发读者思考情境创建的具体过程。前述各章已描述了场景,这也是本章得以讲述过程的基础。该过程是建议过程而并非实现最终情境的唯一路径。前述各章的练习对本章所描述的过程大有裨益。

> 21世纪的文盲不再是不能识文断字之人,而是那些不善于学习的人。
>
> ——阿尔文·托夫勒(Alvin Toffler.)①

所有的过程都不尽相同

第九章的案例研究展示了不同组织机构情境规划的成果②。每一个机构(图书馆或联合会)都是不同的:国

---

① Toffler, A. (2010). http://thinkexist. com/quotes/alvin _toffler (2010 – 07 – 20).

② 还有其他例证,如澳大利亚新南威尔士州立图书馆近期设计的"Bookends Scenarios",参见 http://www. sl. nsw. gov. au/services/public_libraries/publications/docs/bookendsscenarios. pdf(2010 – 07 – 20).

情不同,行业环境也不同。因此,案例研究强调差异性。同样地,因其受环境及社会、行业、历史等因素影响,情境创建过程及管理过程也有所不同。

情境创建的开端

　　本书描述的过程有助于理想情境的创建,必要时可变更,若已着手,则应全力实施。机构内部也会有一系列问题,如对于控制力缺失的恐慌,一些人可能倾向于使战略规划过程更加可控。这些问题是机构可能遭遇风险的体现。有可能是对于未知的恐惧,也可能是对过程控制力缺失的恐惧,这些都是决策者真正所担心的。高层之间关于情境过程的本质,可能产生的结果,可能的障碍以及组织机构抗风险能力等事项进行清晰讨论是非常重要的。鉴于此,情境构建过程中控制力缺失的风险并不高。本书认为若对未来图情行业发展环境不进行充分讨论,风险则更大。

　　当组织机构着手进行情境规划过程时,过去的方法显然并不适用于组织机构的未来发展。情境规划过程并不能预知未来。不能为特定事项分配专项资源,也不能一夜之间建立新秩序。但是,它能够描绘可能的未来图景,能够使机构及其股东和员工对未来充满信心。情境规划过程为组织机构的未来描绘了一种美好的图景。图书馆的发展不应仅由图书馆管理者决定,而应由行业的所有参与者决定。当然,专业的图书馆员能够在这个过程中发挥作用。这样,未来失控于所有人的局面几乎不会出现,也不会与用户相关。情境创建的过程中想象力是至关重要的,不要拘泥于现实。

建议过程

本书将情境创建过程分为如下七步:

1. 过程设计

如上所述,此步骤需彻底分析规划过程,该步骤还界定了过程中的参与方以及股东参与程度,有两种类型的受众不容忽视。首先,每家图情机构都有股东;其次,在决策过程中可能会受影响的员工。

如果行业圈子够大,就存在如何邀请各方参与者参与到过程中来的问题[①],是本科及研究生的学生代表,还是专家学者?是院系领导层还是应邀请政界领导甚至市长?是否要邀请不同类型的机构团体?对于联合体机构,是只邀请董事会成员,还是全体或部分成员馆?较好的路径通常是请股东代表参与其中,该群体能够在情境规划过程中发挥作用并最终成为理想情境的赢家。

另一群体也不容忽视:理想情境旨在更好地为主要客户群服务。因此该群体亦应参与规划过程。在高校图书馆,进行未来3—5年规划时不可避免要涉及未入学新生。而这一群体不仅远比决策者年轻,也比已经参与规

---

① 股东的称谓因图书馆而异。

划过程的在校学生年轻。这一不争的事实也不容忽视。年龄将影响认识与见解，因此应尽可能选取较多年龄段的群体。

以上就是影响决策者构成的问题。机构的选择及决策者将决定实际参与决策过程人员的数量。

2. 认识行业及环境

规划过程伊始，分析大环境及其对本行业的影响非常必要。考虑到情境创建团队，在文献中将上述影响描述清楚，有助于促进其对规划过程的认识。对于图书馆大环境及各方力量的分析也将大有裨益。如知晓图书馆采访活动、电子及印本馆藏、物理及虚拟图书馆利用情况和发展趋势。分析电子及印本资源以及兴趣领域的出版趋势，有助于加强对行业及相关领域的了解。建立因特网发展状况及接入情况的模型将促进上述发展对于图书馆影响的分析。分析未来发展及资金对当今组织的影响也是有用的。机构会发展壮大，也会面临压力，会被评估，甚至不能体现图书馆相关性。这些分析有利于促进对于过去及现在和未来环境的认知，也应以文献形式交予相关人员，下一章将对此进行进一步讨论。

锁定目标群体也会对规划过程有所帮助，其中产生的问题可运用第四章的坐标轴方法列出，各方力量可在各象限直观地展示。

3. 行业内的通力合作

准备工作就绪后就是揭晓真相的时刻，相关文档也已准备妥当。接下来就是创建情境的实质阶段。这是参与人群范围缩小以及情境密集感强化的过程。

（1）目标群体

目标群体分为两类，用户及馆员。这两个群体的作用各异但都是有意义的。其作用也反映出各群体的兴趣所在。学生们集中反映的问题折射出该群体特有的兴趣，反映了这个群体赖以学习的环境及设施。如果让该群体列举未来图书馆的五个重要问题，其结果将包含众多内容，值得研究。通过上述方法，旨在将相关问题粗略分类，如建筑、学习、技术、资金等，每一类问题终将会得到解决。

馆员对于未来的看法和学生又不尽相同：由于一向安逸的环境要经历变革，他们的不安全感会增强。

（2）情境创建研讨会

研讨会是情境创建的途径。因此，对其构成应深思熟虑。研讨会将提供有关未来的所有数据及信息。相关管理者已依据资金、合作（内部、外部）、馆员及供应商等被分类，应邀请部分参会。各年龄梯度平衡也对研讨会大有裨益。主要领导者、能够提出中肯建议的人、能够跳出圈子看问题者都应被邀请参会。会议规模以30—40人为宜。

会议组织者应清楚会议初衷，相关人员应知晓情境规划技能以及运用想象力的必要性，并对机构未来有所规划，且促进其健康发展而不是朝既定方向前进，所有奇思妙想都应尽可能自然地由研讨会参与者的思想碰撞出来。

4. 情境创建研讨会的建议操作方式

最终的研讨会参与者其实并未共同工作过,其中很多都素未谋面或仅有耳闻。因此,研讨会氛围宜随意开放、提供餐食,应依据兴趣将参会人员分组。如 40 人参会,则可分为 5 组,每组 8 人。每组应包含一名资深馆员负责解答相关问题,馆员也可以使该组进行变革的力量得到加强。可以进行破冰练习以使氛围放松并增强团队成员间的了解。分析环境亦十分重要。广泛而充分的讨论往往能够迸发不同的思想火花。奇思妙想、多维视角以及不成熟的想法都应被鼓励,这都有利于形成振奋人心的环境。各讨论组共同合作,各方思想得以碰撞,迸发出更多思想的火花。

5. 情境构建

在该阶段应就情境创建进行进一步讨论。案例研究可使研讨更直观。润色文字并非研讨会初衷,激发观点和思想才是目的。运用象限及坐标轴方法,每一组都应将自认为重要的问题理顺一遍。

每一组的任务即是创建三种情境:这三种情境代表了不同的风险等级或者现在及未来的不同可能性,这三种情境的创建保证了不同的选择尽可能发挥作用且避免争论。大家都可能被每种情境吸引但并不一直专注于某一种情境,情境的创建也为组织机构的选择提供了证据。

情境创建的过程中,题名的重要性不言而喻。这一点在案例研究中可窥见一斑。在情境创建过程中,团队的活力有助于保证情境的清晰性：其本质如何，是否与文字相契合？

情境创建过程中允许变革发生也是非常重要的。下图即描述了可能的范围。在选择上，既可保持现状，也可锐意变革。这种情境是有益的，原因是其对现状的自然扩展，这是现行的范式，但也是有望实现的未来，如若行业试图加快变革但并不锐意进取，那么结果应是如下图所示。

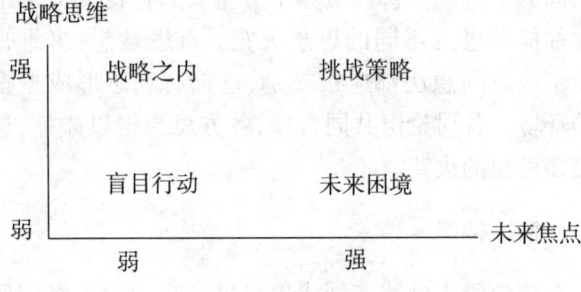

战略思维

	战略之内	挑战策略
强		
	盲目行动	未来困境
弱	弱	强

未来焦点

图 6 - 1　范式目标

图片来源：Steve O'Connor。

"未来困境"是充满想象力的。它能够开拓我们的视野，并允许不受欢迎的观点存在。情境使得未来学家能够走向前台。我们都有想象力，并允许想象力扩展。这是释放情境，但还有很多严肃且涉及操作性的问题。

盲目的行为并没有实质的意义，也许可以将老套的战略计划稍微改善。但对人们眼中的组织机构的一贯行为方式的改变却收效甚微。

研讨会参与者应创建 3 个情境，每一个都应列举 10 个方面并标注合适的题名。由于研讨会包含 8 个小组，每组都创建 3 个情境,各组之间可以相互交流思想。不同的情境融合的过程可以融合约 24 个情境(假定有 8 个小组,每小组 3 个情境),该部分工作完成,研讨会的任务也宣告完成。

6. 绘制情境

此部分工作由参与规划过程的执笔人完成。至少也应由近距离的参与者完成。执笔人应对与会人的发言有敏锐的理解力,还应对图情行业以及相关行业的术语较为熟悉,每位执笔人的风格各异,不能一概而论,重要的是,各情境都专注于 3—5 年的发展,具体依时间节点而定。每种情境都应对所处环境进行描述。有关未来的描述有利于带动整个行业都参与到情境实施的过程中。语言风格应着力于营造这样的基调:即未来为规划而来。

以下语言可对未来发展描述起到辅助作用:"2011 年图书馆应是……"还应描述该未来框架下的环境:"大学已经完全数字化,学生也更愿用电脑完成学业。"其余还应有如下描述:"组织机构对于先进技术的关注已使其与网络公司结成战略联盟。合作与商业联盟代表了机遇与发展方向。"因此,积极的语言能够表现出环境特征。简洁的与图情行业相关的语言也应被应用:"由于金融危机,行业与学术资金出现短缺。"这是一种有效的描述方式。在这个例子中,金融危机的描述出现于 2008 年经济危机之前。这突出了想象力的作用。再比如:"图书馆提供本地社区人员需求度高的学习项目"。可根据需求及情境规划过程设定语言风格以及实际方式。应使读者有身临其境的感觉。

理想的状况是将最终情境与与会者分享,获得反馈,以期确认书面情境符合初衷,任何反馈都是有益的。

在该阶段每组都应决定如何从三个情境迈向一个情境。决策一般受多种因素影响,如政治因素,迈向未来的紧迫感,组织的规模以及更大范围沟通的难度。图书馆也许会运用三种情境以及海报获取用户关于情境重要性及吸引力的反馈。还有图书馆也可能请资深馆员及学生代表就情境进行讨论并获取反馈。这是在全校范围讨论图书馆事务的好机会,以此取得全校范围的领导力。联合体也许会实行路演模式,让用户自身主宰未来。当然还有许多其他方式。也许有机构采取情境内部融合的方式,并不使外界力量参与讨论,但从任一过程来说,反馈均有助于建立最佳情境。

7. 创建最佳情境

在此部分应谨记:文档应被视为图书馆未来运作的标杆。文档的语言风格应给读者以身临其境之感,注意不是置身于未来而是切身体会现在。发展方向非常重要。下一章将探讨一旦有关最佳情境的选择达成一致,组织机构的发展路线问题。然而,当最终反馈完成,最佳情境不仅是未来的一部分,从一定程度上说,而是包括了未来。最佳情境是小组研讨的三个情境之一,但其包括另两种情境的特质。因此,情境选择不是未来发展路径的选择,而是扩展了组织机构未来抗风险以及创新的能力。图6-1凸显了最佳情境对于未来及战略思考的重要性。如此,则可建立充满挑战并令人兴奋的情境。

第七章　情境及其实施

关于本章

情境创建过程目前已接近尾声。在此,一个新的阶段也即将开始。本章将探讨情境的实施及成果的延续。对于值得注意的主要问题以及有争议的问题将在本章进行讨论。

理想的图书馆情境

前述各章使我们对于未来3—5年图书馆的发展有了文字的直观描述。最佳情境的核心要素也得以明确。有关这方面的例子可参考案例研究部分香港理工大学的案例。这些核心要素对市场研究以及战略规划都有帮助。目前各类型人员如用户、馆员等都对此做出了贡献。理想情境值得上述人员为之自豪,因为其勾勒了大家一致认可的愿景。各方于此均做出了努力,因此应得到回报。

理想情境的运用方式很多,它是市场营销的工具,是战略规划的滤器,是广泛的路线图。

市场营销

理想情境的名称是其不可分割的组成部分,名称必须朗朗上口且具有号召力,如在第九章的案例中就有这样的名称:学习村、转向前沿、学习中心等。名称应简要描述情境的本质且应与最佳情境相关工作保持一致。

对于营销来说,最重要的就是使最佳情境得到图书馆高层的认可。这会使高层认为最佳情境就是公认的发展路径。这是营销的初始部分,也是重要部分。除此之外,还应起草营销计划以使大家知晓。在此阶段,计划的最佳支持者是情境规划创建团队,他们在接下来的几年里都是情境的强有力支持者。

最初的营销一般都比较简单,如简单的拜访及演示。在联合体中,营销就是打破地域界限在各成员馆中就情境进行探讨。路演是非常有效的方式,这种方式能够展示已有的工作成果并获取实施情境所需的支持。中短期成果都是重要的,路演可以是对高层的正式拜访,也可以是图书馆界非正式的展览。

战略规划

最佳情境需付诸实践,这也是战略规划工具发挥作用的阶段,如果说情境规划指明了未来发展方向,那么战略规划则起到为未来分配资源的作用。

最佳情境转变为战略规划需要归纳情境的核心要素,这一步可以通过分析情境规划过程中的各方力量实现。一般来说,会有8—10方面的力量,这会使战略计划得以强化,在不久的将来也会成为主要的战略领域。其中有些要素可能会在建筑之内,但这些要素也会随着战略计划而出现以为实施赢得资金支持。探讨战略规划过程并非本书意图,本书只将与情境一致的战略规划纳入范畴。从第九章的案例来看,分析其中的要素具有较强的指导意义。

以香港理工大学情境为例,很明显能够析出九大核心要素:服务范畴拓展、印本价值、科研参与度、对机构的整体贡献、可持续发展、泛在化、数字化、图书馆员及社会空间,这些要素名称描述了情境内容,当图书馆战略由以下需求驱动时尤其如此:泛在图书馆及数字化、拓展用户、创建纸本资源及数字资源可持续发展的社会空间等。

核心要素可分为六大战略领域:馆藏发展、教学活动、科研发展、交流、合作、人际交往。由于战略领域已存在,它们不可能促进情境的发展,真正能够促进未来发展的是情境中的想象力,将想象变为现实的是战略规划。

路线图

最佳情境作为路线图应该广泛应用于财务、质量、人员及资产等各类规划文档中,对于资金需求、质量要求,实现最佳情境(Preferred Library Scenario, PLS)的人才需求,设备及建筑维护的资金需求的描述也非常重要。作为路线图,会经常被提及,因此,大家都会对此文本及其内容较敏感。在历年的情境评估中也会用到路线图,它应是一种常态机制。

让每一位员工都能知晓情境的成果是有益的。"为什么创建更温馨的环境""为什么新建咖啡馆""员工结构为何是现行的模式""为什么与其他图书馆进行馆际合作与图书调拨"答案非常简单:在情境规划中已有上述规划,图书馆的发展总是滞后于发展规划,其中很多要素是其获取支持的表现。很显然,图书馆并不需要情境中的所有要素,但各方总是需要一方面或另一方面。图书馆也很明确通过这种方式能够联合各力量。很显然,所有要素在图书馆情境中并非要面面俱到,但各方人员或力量总是对相应要素有所要求。情境规划过程可以实现看似矛盾的各方力量向一个方向发展,这也是变革的载体。使得用户与员工都能够稳步走向未来。

保持情境的活力

最佳情境不会一成不变,一般来说一年半至两年左右应修订一次,并非更新规划本身,而是以战略的眼光评估已取得的成就、未完成事项及计划。在这个过程中,搞清楚已完成事项及完成方式是具有一定指导意义的,还应注意到已发生的预期变化以及意料之外的变化。第一章已阐明未来并非线性的,而是在这个过程中有若干决定决策的拐点在指引我们的方向。在酝酿本书的过程中,全球金融危机使得我们的计划搁浅,很多事情节奏变慢,先前可能的计划也几近不可能或严重滞后。第八章将探讨最佳情境实施过程中遇到的障碍、机遇以及将影响机构建制、服务及馆员的最坏情形。

中期评审

中期评审通过回顾已取得的成就能够使为情境规划付出心血的人员受到鼓舞。有时这些成就也是始料未及的,例证之一就是对于建筑的整体功能重建可能是预先计划的,而实际上能够实现的却只是部分工程。不能完全实现并非是情境规划的问题,而是资金问题或是机构的实施能力问题。另一个例子是新建咖啡馆,随着实施过程的推进,现实会逐步明朗,由于种种原因,咖啡馆的计划可能会搁浅,但仍可以变通,如图书馆附近的咖啡车可以作为实施最终计划的第一步措施。情境规划可使组织机构以特定的方式发展,也许不是既定的发展轨迹,但最终会与其他类似机构整合以建立更强有力的机构。

但问题是,在具体实施的过程中,现实情况往往会发生变化。因此,应进行正式的中期评审以确保一切正常,是否有需调整的部分或需着重注意的领域。通常来说,在任何机构,资源都不会过剩,重要的是要对其进行管理。在日常事务之外,机构的管理层应对发展目标保持敏锐。

对于进度评估,召集情境规划相关人员开会,并分发进展报告是十分有益的。报告可以不拘泥于形式,也不拘泥于分发场合,如研讨会或酒会,这是商业计划或战略规划的特殊形式,这种形式将那些最初构建情境的参与者再次召集在一起并使情境碎片整合成为完整的情境规划。这种形式使与会者对机构取得的成就提出中肯意见,使战略规划实施为最佳情境,同样重要的是,这将重新点燃整个行业的热情。

最佳情境实施过程中的员工

人力资源是一个机构的主要资源,也是最重要的资源。最佳情境实施过程中,不可避免要进行机构内人力资源重组,只有通过这种方式才能实现上述目标。在本书前面章节我们已探讨过变革对于馆员及用户的影响,变革对每个群体的影响是不同的。用户希望服务方面进行较大变革而馆员则希望变革平稳进行。因此,这两个群体对于变革的态度差距是巨大的且这种差距在不断加大。如果图书馆要迎合用户需求那么员工结构及馆员角色定要发生变化。这种变化不会发生于一夜之间,而是在调整中进行,时间跨度可能会若干年。在最佳情境创建后进行战略规划会引发一系列措施,并产生技能及馆员方面的新需求。

中期评审使馆员能够评估他们对于最佳情境现状的感受,如何调整其角色定位的计划以及他们的工作和关于图书馆作用的看法。本书作者之一苏德毅,在最后一章从理论及实践的角度阐述了变革及其对组织机构的影响:"最佳情境能够产生令人满意的成果以及激发参与者的主人翁意识,但让人们参与到这个过程并不是最终目的。"①

　　最佳情境能够起到联合图书馆员的作用。它能够使改革支持者看到其中的愿景,也使不支持改革的人群逐渐向规划的方向前进。在建设未来的过程中,最佳情境把人们连接在一起。

---

① 　参见本书第十章。

第八章　选择、机遇与确定性

关于本章

我们已进行了案例研究并认识了变革对于机构的影响。本章将对情境创建过程进行总结并以之前探讨的技巧开始这个过程。本章将探讨在环境中寻求什么并就起始过程中出现的问题做出结论。我们需要面临3C（Certainty，Choice，Chance），即不确定性、选择及机遇。

机遇与随机性

莱昂纳德·蒙洛迪诺（Leonard Mlodinow）的著作《醉汉的脚步：随机性如何影响我们的生活》（*The Drunkard's Walk：How Randomness Rules Our Lives*），可以成为我们未来的指南。认识随机性的作用的最大挑战是：虽然随机性的基本原则一直存在，但实际上其影响都是违反直觉的①。蒙洛迪诺列举了很多例证来证实随机性，其中之一就是贝比·鲁斯（Babe Ruth）和罗杰·马里斯（Roger Maris）的棒球生涯。这个例子也同样适用于板球、冰球抑或是其他运动项目。在鲁斯的职业生

---

① Mlodinow, L.（2008）. *The Drunkard's Walk：How randomness rules our lives*. London：Penguin Books, p. 7.

涯中,曾创造一个赛季60个全垒的记录,该记录一段时间内无人打破,突然在一个赛季马里斯与米哥·曼托(Mickey Mantle)打破了这个记录。马里斯一个赛季打了61个全垒,在他之前和之后的职业生涯中甚至从未接近60个全垒,他此外的最高纪录是39个全垒。他无疑是一个优秀的运动员,但他那个赛季的完美表现却无法复制。蒙洛迪夫运动统计学的原理解释了马里斯这种表现:一半是运气,一半是天赋及训练[①]。当我们观察运动员的超常成就时,我们应当注意:超常发挥往往突如其来,随机事件看起来往往像非随机事件。在解释人类事件时,我们必须注意不能将二者混淆。虽然历经数百年,科学家们还是开始在表象之外发觉隐藏的随机性,无论是自然界还是人类日常生活[②]。

马里斯在一个赛季61个本垒的卓越表现而后再也没有超越这个成绩,这引起了人们多年的争论。这可以归结为对于失败的恐惧、伤病以及不能理性面对成功。他的最好成绩也可以解释为随机性、偶然性事件。因此,这也解释了我们看待过去及未来的方式很容易受错误思想的影响而不是简单解释为随机事件。如果了解到的事物细节与我们的思维定式一致,那么呈现的细节越多,看起来就越真实,我们就越认为其切实可行。即便增加不

---

① 这个案例中运动员的表现很难被复制,尤其是近期赛季充斥着兴奋剂滥用事件。

② Mlodinow, L. (2008). *The Drunkard's Walk: How randomness rules our lives*. London: Penguin Books, p. 20.

确定性的细节使得原来的计划变得不再切实可行①。在理论可能性及我们自身对于未来的理解之间显然存在不一致性——未来本身就是不确定的领域。这并不是说我们不能预言未来而是我们前进过程中应予以注意。

蒙洛迪夫认为："两种可能性同时发生的概率并不大于每一种可能性单独发生的概率"。②他运用心理学及统计学文献中的大量例子来证明这一观点。我们认为当试图以思维定式解释未来，并且从现实中获取的线索又与经验一致时，情况尤为如此。必备的技巧就是认识到我们确实明示了预言并了解其关于决策的影响。当然对于可能发生的事情保持清醒同样重要。

蒙洛迪夫列举了著名专栏作家玛丽莲·沃斯·莎凡特（Marilyn Vos Savant）的例子。这位作家拥有最高的IQ：228③。她是电视节目 *Let's Make a Deal* 的评论员。在这个节目中，选手通过打开三扇门中的一扇赢取奖品，这也被称为"三门"问题：其中两扇门后都没有奖品，而奖品在另一扇门后。如果选手选定了一扇门，主持人开启剩余两扇门中的一扇，证实其未包含奖品，那么选手是否应改变他所做的决定而重新选择另一扇仍然关上的门？玛丽莲认为选手应改变决定，选择第三扇门。当时全国的

---

① Mlodinow, L. (2008). *The Drunkard's Walk: How randomness rules our lives*. London: Penguin Books, p. 24.

② Mlodinow, L. (2008). *The Drunkard's Walk: How randomness rules our lives*. London: Penguin Books, p. 23

③ 该案例的更加完整的解释参见 http://en. wikipedia. org/wiki/Marilyn_vos_Savant(2010 − 07 − 20)。

数学家都站出来质疑她,认为她的建议是错误的,没有人支持她。事实上她是正确的。然而被公众认可还是经历了很长时间①。在这个案例中,看起来显而易见的解决办法有50%的胜算,其实这是错误的。但所有的专家还是痛斥了玛丽莲,这是一种团体迷失现象。

最显而易见的答案并不一定是正确答案,因此也不能被专家蒙蔽,尤其不能被大多数人蒙蔽。可能性的大小是统计学的问题,但在预测未来时应被视为一个问题。"三门"问题是逻辑在概率论中的应用。正确的选择赢取奖品的概率是66%而不是通常认为的50%。在任一企业,提高胜算都是可取的,认识概率的运用及机遇的作用对于管理图情行业的未来至关重要。

国际象棋是很好的预知未来的项目。在这个项目中,对每一步的规划以及判断对手的招数都是很好的思维训练。而后预知下一步以及对手招数应对则更为复杂。在这个游戏中,预见未来比总结过去的失误要困难。围棋的严谨十分有利于训练良好的思维、计划性以及概率论运用能力。

风险的运用

若要成功就需要坦然面对失败。经历失败是预知未来的必要条件。人们对于失败的容忍度不同,我们每天

---

① http://en. wikipedia. org/wiki/Monty_Hall_problem(2010 – 07 – 20)。

都面临风险,其中很多风险我们并未意识到,但这就是风险所扮演的角色,也是社会对风险的兴趣所在。社会学家一定会说现在人们对于风险的态度已和三十年前大为不同。乌尔里希·贝克(Ulrich Beck)认为我们已进入风险社会。这种观点极大地影响着风险与不确定性有关的思维①。我们经常能够识别出风险以避免风险,但我们仍可以选择风险的等级。识别风险对于控制风险并预测未来至关重要。

IBM 创始人之一托马斯·J·沃森(Thomas J. Watson)②认为:若要成功,就要将失败率提升至两倍。如果只有确定性,那么世界上将没有风险。但对于未来的不确定性使得世界上有不同程度的风险。如果不能消除风险就必须应对它。进行风险管理就是为了降低已知的风险及困难,但技术及环境变化如此迅速,对于不确定性较大的事情,我们处理起来也较困难。杰克布·奥诺迪(Jakob Arnoldi)强调"风险并非现实存在,而是潜在的危险"③。与图情行业有关的风险都是具有颠覆性的。如此思考问题会让我们有风险及不确定性的概念。我们可以决定我们能够承受的程度,以及切实可行的程度。

本章已探讨过未来可能碰到的机遇以及可能性。接

---

① Beck, U. (1986/1992). *Risk Society: Towards a new modernity*. New Delhi: Sage. (译自 1986 年德文版).

② http://www.famousquotes.com/show/1049131 (2010 – 07 – 20).

③ Arnoldi, J. (2009). *Risk: An Introduction*. Cambridge: Polity Press, p. 8.

下来将探讨对未来影响较大的问题,仍有一些问题需要面对。

问题1:海量数据

当前世界充斥着海量数据,目前全世界产生的数据量是天文数字级的。世界零售业巨头沃尔玛,每小时处理100万笔交易,进入数据库的数据达2.5 PB,相当于美国国会图书馆藏书量的167倍。数字信息量惊人并以始料未及的速度增长[①]。由于电脑服务器需要空调、用水,海量数据正在引发环境问题。电脑产生的热量超出我们的想象,尤其是在水资源持续短缺的世界。

数据在带给人们理解上困惑的同时,也提供了机会以了解用户对其如何利用。对于能够正确理解并对待它们的群体来说,数据也正在创建新的运营模式。Google就是典型的例子:通过利用其他网页指向Google的链接数量进行网页排序,这与先前运用单个网页上与检索目标相关性的文字数量进行排序的机制大不相同。Google将用户检索与后台信息匹配,通过这些获取巨额广告收入。虽然Google的因特网检索量只占全世界的50%,但其广告收入仍占其全部收入的99%。很显然,物流管理得益于计算机的大量运用以获取产品位置及用户需求信息。据报道[②],通过减少中间环节及供应商,仅仅是香草

---

① Data,data everywhere. *The Economist* 394(8671)(2010 - 02 - 27),p.3.

② Special Report on managing information, *The Economist* 394 (8671)27(2010 - 02 - 27),P.6.

这一种原料,雀巢公司一年就能够节省开支 3000 万美元。这种情况在全球范围比比皆是。

文字作为数据处理的业务量其实是很小的。美国加州大学圣地亚哥分校的研究人员分析了美国家庭的数据流,发现 2008 年一个家庭的信息量是 3. 6 ZB[①](相当于每人每天 34 GB)(见图 8 - 1)。另一惊人事例是 Email(一天周转量)的计算:若一封 1. 1 MB 的电子邮件发给四个人,随着它存储、传输、备份,一天下来,会有 51. 5 MB,且回复越多、转发越多,最终文件量就越大[②]。

数据量最大的是视频游戏和电视节目,如果只计算数据量大小,文字信息是微不足道的,只占总信息量的 0. 1%[③]。尽管如此,曾经因为电视的出现一度下降的阅读人数还是在网络时代出现了增长,是 1980 年的 3 倍[④]。这项研究由于没有将商业数据考虑在内而具有局限性。

---

① 1 ZB = 10 亿 TB。据 IDC 中的观点,2006 年,现存的总的数字信息量为 0. 161 ZB,2010 年,每年都将增长 0. 998 ZB。Mark Liberman 做出了如下计算:如果把人类的话语数字化为 16 千赫 16 位字节的音频文件,那么存储量为 42 ZB,而人们曾普遍认为这个数据量约为 5 EB,Liberman 认为这也许是以文本计算得出的数据量。http://en. eikipedia. org/wiki/Zettabyte(2010 - 07 - 20).

② Gantz,J. F. (2008). The diverse and exploding digital universe:An update forecast of worldwide information growth through 2011. IDC White Paper. (2008 - 03).

③ http://gozmodo. com/5423599/how-36-zettabytes-of-data-get-consumed(2010 - 07 - 20).

④ Special report on managing information. *The Economist* 394 (8671)27 February 2010,P. 5.

因此,数据是重要的,但文字并不在其中。即使文字所占数据量相对较少,我们对自身信息行为及兴趣还是知之甚少。在图书馆员中一直强调运用集成图书馆系统(Integrated Library System,ILS),而对于行业环境知之甚少,对于电子期刊以及现在的电子书一无所知。事实上现在很多图书馆都把75%的预算投入了数字资源。图书馆应对信息行为进行研究,需要Google商业模式的对应措施,从关注字数到关注网站数,应从关注书目描述转向因特网用户信息行为描述,应与出版商合作以了解图书馆资源利用情况。

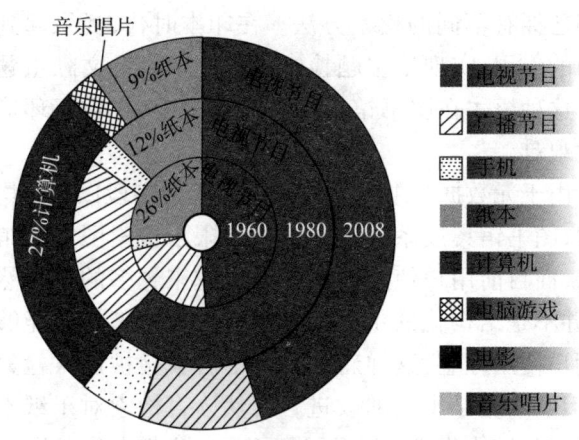

图8-1　3.6 ZB 的数据是如何消耗掉的

图片来源:http://gizmodo.com/5423599/how-36-zettabytes-of-data-get-consumed(2010-04-06)

问题2:搜索引擎的能力

图书馆搜索引擎和数据结构的不成熟使得图书馆员

大为担忧。研究表明用户的首选搜索工具不是图书馆OPAC,图书馆作为用户首选信息搜索途径的地位正在下滑。

上述现象的部分原因是 Google、Yahoo 等强大的搜索引擎,其精确的检索机制能够给用户"想要的内容"或至少是"能够接受的内容"。它们通过记录错误、指向正确内容的链接以及预估需求满足用户。这种推送技术对于 Amazon 等系统是非常明显的。这种机制能够为检索提供相关内容,建立搜索历史,并推送用户感兴趣的内容。很显然,这些检索系统背后有强大的计算能力支撑而且它们还拥有不同的检索方法。在印本时代,目录起到两方面的作用:实现依主题检索同类文献以及文献主题聚类。这种模式在图书馆界一直没有改变,在数字环境下越发艰难。

由于元数据局限于 MARC 记录检索字段以及结构化词表,图书馆集成系统搜索引擎局限于检索图书馆馆藏图书,而目前用户使用的检索语言越来越多的是自然语言,并不是结构化的主题标目。新的检索工具还能够实现用户使用标签,这样新的检索语言就会被加入检索记录,但这毕竟是事后的改进。自然语言检索对于纸本及数字对象结构化描述以及了解用户行为都十分有益。

跨平台的联邦检索在一定程度上是一个进步。但由于处理不同的系统,这种模式仍显效率低下,联邦检索以及 Z39.50 等协议的运用已大大提升印本和数字资源整合力度,但距无缝链接的实现还有一定的距离。具有讽刺意义的是,Google Scholar 等检索工具可以检索出对用户有用的结果,但大多数时候,终端用户意识不到如何获取这些资源。这种情况让我思考我们的检索系统如何让用户更容易、更充分地获取资源。

问题3：避免群体思维

在群体思维中保持特立独行往往是非常困难的，这需要清醒的头脑、对相关背景有较透彻的了解，需要勇气与奉献，很多人往往做不到。大多数情况是这样的：在两种观点中，一般大多数人会接受通行的观点且丝毫不为质疑该观点或接受新观点所做出努力，接受现状总是更容易，也许这不是直接的群体思维，但这却是十分危险的。另一层面是思维停滞。

群体思维的危害使同事之间的交流越发趋同。在这种模式中外界的思维不能被吸纳进来，相关例子在本书前述各章已有论及。在这种情况下，异样的思想甚至是不能接受的。有一些妥善处理甚至避免上述问题的方法。

阅读本行业外的文献对经济及社会发展、思想、解决问题的方法都非常重要。在图书馆界，一个很有趣的现象就是聘用不同专业人员。如聘用程序员、数据库管理者、营销人员、培训师、咨询师、绘图师等，但同时要思考我们是否允许这些人员融入图书馆界，是否允许他们有质疑的权利、激发不同的思想？图书馆做事的依据是什么？图书馆是否认识到用户的思想已超出其想象？为什么不更换软件、为什么不向特定用户群推送信息？

如果群体思维以理性的方式停止，那么聘用不同专业人士就是一种开放眼界的行为，要接受这些不同背景的人士带来的新思想，他们融入图书馆文化将有助于打开新思路并实现最佳情境的。

群体思维的另一方面是给员工带来挑战。随着职业生涯的推移，他们的思想将不再像过去那样一直保持新鲜。新兴的变化不仅给新老一代都带来了挫败感，也能开创充满希望的未来。若管理有方，压力也能发挥作用。压力可能存在于新老员工之间，也可能存在于图书馆不同专业的人员之间。正如本书所述，我们目前管理的图书馆是为了后代。这是一个将新思维和方法融入机构并不断积累管理经验的过程。

问题 4：学会运用风险

风险就一定是坏事吗，何为风险，若有或无风险，我们能够取得成绩吗？

风险是一种奇妙的存在。在某种意义上讲，若无风险，我们就不能生活。我们由于风险而生活，我们活着就要经历风险。很多风险也许不被认为是风险。风险与过去无关，而与未来有关，未来的成就都得益于风险管理。前面曾提到一本书《醉汉的脚步》(*The Drunkard's Walk*)，醉酒的人是没有风险的。酒精降低了对风险的意识，醉汉对风险的忍耐力最强。作为图书馆管理者我们把风险分为不同的等级，就像人的性格。但风险会直接呈现给我们，我们对待它的方式会决定结果如何。

风险一般与灾难相关，被认为是最坏的情境，我们都不愿其发生。当处理不确定性时，不同水平的风险的选择确实能够考验我们。但是，在资金投入的企业，所有经济要素都要考虑①。目前世界上有很多联合体,对新手经理来说,其中最好的莫过于从图书馆转向此类非营利组织。这种经历确实能给人危机感。Lyrasis② 就是运用情境规划以及不确定性管理的很好案例。

问题 5:继续建立对图书馆的信任

信任对所有沟通都是重要的。如果沟通过程中的信息源不被信任,那么信息的价值就没有了。无论对于图书馆还是出版商,信任都是重要的。出版商通过品牌建立信任,因此其出版的图书也拥有相应的名誉。如果由于剽窃或其他原因不得不取消一本书的出版,那么对出版商的名誉来说也是巨大的损失。

因特网的出现催生了大量信息,但其中鲜见权威性信息,那么网上的信息是否值得信任? 实际上网上信息传播渠道缺乏权威性,如果未经同行评议或者编辑出版过程就认可网上的信息,这种思想是非常危险的。

图书馆总是被认为是可信赖的机构,其提供的资源也因此被认为是可靠的。因此,图书馆员也是可信赖的职业。但因特网的出现给这个行业带来了焦虑,网上的内容即便显然不可靠,但也正在被大多数人接受。图书馆需找准定位。报纸过去被认为是帮助人们做广告而不是卖东西,这是一个悖论。

---

① Haycock,K. (2008). "Issues and trends" in Ken Haycock and Brooke E. Sheldon(eds). *The Portable MLIS:Insights from the experts. Wesport, CT:*Libraries Unlimited,p. 204.

② http://www. lyrasis. org(2010 - 07 - 20).

对于上述问题有两种回应。首先来自教育方面：图书馆员显而易见的作用是引导用户，另外一个新作用是为网络资源贴上风筝标志①。基伦·奥哈拉（Kieron O'Hara）认为"信任是一种对人对事的态度"，这种态度可能瞬间产生，也可能瞬间消失②。

信任问题对于图书馆未来来说是一种风险，可能会缺失，也可向其他范围扩展。如前所述，无所作为比接受新方法所带来的风险要大。但如果无所作为，图书馆及整个行业的声誉就岌岌可危了。

问题 6：未来在哪里

在未来最佳情境的分析和描述中，选择一直都存在。未来不是一成不变的，最后的问题是最佳情境确定后的选择及实施过程问题。

近期有一份关于高校图书馆财政困难的报告指出：

> 在经历了十年的增长之后，图书馆预算开始持续削减。过去十年的增长虽然不及大学财政的整体增长，但其服务范围还是得到了扩张。在高等教育界（Higher Education，HE），图书馆近三年都出现了财政削减现象。
>
> 削减意味着图书馆必须重新审视其服务如

---

① 风筝标志是商品质量及价值保证标识。目前制造业已有若干此类系统，但教育界此类体系的健全迫在眉睫。

② O'Hara, K. (2004). *Trust: From Socrates to spin.* Cambridge: Totem Books, pp. 282 – 283.

何为大学提供支撑,因节约的程度是有限的。
因此,图书馆员必须对以下问题进行战略思考:

信息资源支出以及馆员的平衡。这种平衡
受部门影响很大,馆员及服务水平亦与其密切
相关;

是否应保持以及如何保持服务水平,同时
开发新的服务项目以满足用户需求。很多图书
馆考虑在服务环节削减开支,但仍需确保更多
地关注用户需求,进一步考虑各项活动开支;

如何在图书预算紧缩的情况下满足学生的
核心文献需求,电子书能够缓解这种状况,但出
版商的定价及存取政策是个问题;

期刊获取成本及可持续性问题。若取消订
购可能会招来非议,但图书馆员目前正千方百
计降低成本①。

需要对这个过程中的经验再进行研究,并在行业内
外保持警惕。最重要的是学会合作及开放共享。塔普斯
科特(Tapscott)与威廉斯(Williams)在其著作《维基经济
学》(Wikinomics)中写道:"合作思维赋予我们思考的力

---

① Challenges for academic libraries in difficult economic times: a guide for senior institutional managers and policy makers. http://www. rin. ac. uk/system/files/attachments/Challenges-for-libraries-FINAL-March10. pdf:4

量。①"在该著作中他们阐述了这样的观点：由于数据共享成效日益显著，我们正在见证知识产权保护时代的结束。当然，图书馆需要开源的解决方案以实现其订购及自建数字资源的共享。传统的合作模式仍然影响着图书馆及供应商的思维，即供应商提供内容、图书馆提供服务。肯·海科克（Ken Haycock）也强调"公共产品正在被公共价值代替"②。因此，投入产出（Return on Investment，ROI）非常重要，但在图书馆界却非常困难。合作不是仅靠我们自己就能实现，而是创建全新的秩序。这是图书馆在其形成与合作方面的领导力的体现，是馆藏发展的重构，这也曾是21世纪早期的老大难。

通过开放合作，决策力将得到提升。在这种思维模式中，需要新技巧以实现未来目标。决策过程中需进行研究，就像本书所说直到创建情境结束。泰勒（Thaler）和桑斯坦也认为"通过不限定选择，设计上渎职或腐败的风险降低了"③。不要一窝蜂冲向固定的领导职位，领导力更多的是关于创造机遇并坚定未来的美好信念，即便未来具有不确定性。

在图书馆内提升决策策略是将前面提到的问题纳入

---

①　Tapscott, D. , Williams, A. D. (2006). *Wikinomics: How mass collaboration changes everything*. London: Atlantic Books, p. 268.

②　Haycock, K. (2008). "Issues and trends" in Ken Haycock and Brooke E. Sheldon(eds). *The Portable MLIS: Insights from the experts*. Wesport, CT: Libraries Unlimited, p. 205.

③　Thaler, R. , Sunstein, C. (2009). *Nudge: Improving decisions about health, wealth and happiness*. London, Penguin, p. 12.

泰勒和桑斯坦所说的选择架构(choice architecture),这是文献中提到的仅有的工具。他们认为只要切实可行,就保持战略开放,以此做出最好的决策,这种观点使得团队中出现一种推动力,这种推动力由于能够使人们感知其环境变化而出现职位流动,也因此具有向导性。

结　论

笔者本无意将本部分作为结尾。本书价值存在于我们的想象之中,存在于我们对于颠覆性技术影响的感知以及对未来的应对之中。

坚持过去的行为方式是应对灾难的简单方法,然而对于一个图书馆来说最好的方案并不在本书中。未来是精彩的,是吸引人的,有诱惑也有风险,令人迷恋也令人畏惧,但我们还应拥抱未来,以免它与我们擦肩而过。行动起来吧,未来因实现而精彩!

第九章　案例研究

本书选取了一些案例,这些案例都是情境创建的真实例子,其中的情境因时间、机构及环境而异。本章案例中,有些同时具有背景情境及最佳情境,有些只有最佳情境。

案例1:香港理工大学图书馆①

背景

香港理工大学在学生人数方面是香港最大的政府资助的高等教育机构,有 26 000 名全日制和非全日制学生(或 15 116 名在校生)和 1128 全职教学人员。它从专注于卓越教学迅速演变为一个具有教学和科研双重发展的机构。这是一种制度转型。这种转变是在一个更高的教育环境下进行的,这不仅指香港的竞争环境,但也是在中国内地机构快速发展的更广泛的背景之下进行的。进一步的制度压力是要在全球的机构排名中提高其地位。这些压力为通常的图书馆创造了各种机遇和困难,但考虑到所有图书馆正在经历的新的数字环境的变化,机遇和

---

① 欧书亭著。

困难将会更多。香港理工大学图书馆要在三种语言环境下(英语、粤语和普通话)处理这种情况。这种需要良好管理、人员和资源的图书馆的情况很复杂。它需要设定新的方向,它需要清晰地确定其未来,以便将其用户社区和大学的资深学者带上前进的征程。图书馆的工作人员永远是关键的变化群体。

图书馆管理层已经意识到挑战的存在,开始情境创建的原因包括:首先,图书馆希望学校参与到未来方向抉择的过程中。学校也面临很多变革,因此管理层应意识到这个机遇以及图书馆定位问题。

其次,图书馆已经得到了稳定的管理团队的有效管理。早在2007年,前任图书馆馆长在此职位进行了34年的成功管理后退休,由于大部分馆员与其工作时间较长,从这一点来说,替代他的新馆长将是很重要的,因为他需要确认图书馆的战略,同时也要为图书馆所需的社区和更广泛的环境进行测试。

再次,方案规划的过程是一个极好的机会,以满足图书馆界提出图书馆所面临的问题,并探讨学术和学生间的压力。方案规划旨在对于期望和已实现成果这两方面都能获得更清楚的了解。

最后,人们希望这一进程能使所有图书馆工作人员参与进来,并使这个近160人的团队了解图书馆的定位并探讨变化的需要,同时还希望争取所有这些人成为变革进程的推动者[①]。

---

① O'Connor,S. (2009). Steering a future through scenarios: Into the academic library of the future. *Journal of Academic Librarianship*,35(1):60.

首选方案——"学习中心"

香港理工大学图书馆在 2011 年时仍然坐落在一个内陆的校园,在世界上人口最稠密的地区之一的中间位置,但现在它却无处不在。该馆目前仍然业务繁忙,但它已为服务大学科研成功地融合了信息和学术界,融合了实体馆藏和数字馆藏,融合自建资源和外购资源。这是一个由网络、数字书刊以及实体书刊组成的无缝的信息世界。现在甚至更加数字化,任何可能出现的印刷材料都能够实现数字化传递。这就是现在为学生和研究人员而建设的所谓"学习中心"。该图书馆一直比以前任何时候都更注重服务的外延。其范围不仅延伸至整个校园,也带来同一社区重新焕发活力的包玉刚图书馆的建设。按这一未来规划,图书馆的传统职能已被重新定义和重新集中到促进知识的增长、合作学习、反思性思维和制度可见性。

目前的学习环境更加舒适、充满活力,以达到最佳的基于问题的学习情境,让学生可以在休闲型座椅上比较舒适地放松学习。这些新设施也鼓励相同和不同学科群的学生之间的讨论和互动。这个"人与思维"的会场现在既包括优质的咖啡馆,也包括一个小书店。这种环境使人感觉充满新鲜感。展览、演出和活动也使这一区域成为校园文化中心。图书馆对信息和人的融合使得校园成为一个更加充满活力的地方。

现在许多单人阅览室的照明为个人量身定制,从而创建一个个性化的学习环境。2011 年,对噪音的投诉在已经通过创建更有针对性的讨论和互动空间而得以解决。每个学科的研究模式和习惯都能在图书馆的环境中以最大的可能性通过结构设计对众多的研究需求得到鼓励和支持。在所有这一切中,图书馆力图实现低碳化,多方面降低能耗,包括减少纸张的消耗,真正实现无纸化。图书馆及其用户是这场运动的领导者,并采纳和接受了这样的座右铭:"减量化,再利用,再循环。"

除实体的会议场所外,图书馆在网络上创造了新的"Facebook"模式的社交空间用于信息沟通和交流。"理工大学图书馆图书"的数字网站已成为非常受欢迎的信息检索空间,像 Facebook 这种商业模式一样,取得了成功。这种方式与当前学生群体思考、学习及沟通模式是相关和协调的。通过这一新模式的图书馆,学生们可以发现大量的信息,这既令其兴奋又有助于他们的研究。图书馆作为信息门户向工作人员、学生、校友和更广泛的社区提供服务。大学图书馆的覆盖程度之大,这是不得不承认的。虚拟图书馆或化身"漫步者"的图书馆网站可以提供即时援助。这些"图书馆员替身"操着流利的普通话、英语及广东话在数字虚拟的信息世界里通过校园和远程计算机屏幕向用户提供信息,它们承担着信息导师的重要作用。无论是在物理还是虚拟空间中开设,信息素养课程都是为帮助做研究的大学生进行准备,并使其成为成功的终身学习者。

图书馆已成功地为各个学院创建了精品网站,这些网站不仅用户友好,而且切合各学科特点。深受创造3－3－4课程的领导者的欢迎。在这种空间里,各学科用户能够获得更多的认同感和归属感,行话和术语的使用也更容易和直接。图书馆的这些物理空间已经更加个性化,更加有利于学习和匿名。

图书馆在新同学中认知度极高,并已调整其系统以满足这些新群体。通过其在预期的未来技术、通信系统和设备方面的使用,图书馆已经获得了良好的声誉。学习中心通过协助学习和与校园里的不同学习机构(如教育发展中心)的合作,发挥着更积极的作用。对于分布在图书馆不同位置的学习区域来说,非正式的讨论和协同工作更加有效。有学习障碍者甚至找到了更多的支持。

尽管数字资源数量从 2007 年就开始迅速增长,但图书馆不仅可以提供数字资源,同时也可以提供印本资源。对大学研究工作的支持主要在于为学院和大学决策者做咨询工作。作为一个知识中心,图书馆还收集所有大学学院的研究成果,反过来,更重要的是,向大学乃至世界展示这些工作。随着 JURA 作为一个与 HUCOM 的合资研究智库的发展,研究资料得以丰富,范围得到扩大。香港理工大学图书馆对此研究中心的发展起到了重大作用。香港作为区域信息灯塔保持了其战略地位。在世界上,没有一个地区能够向香港的学者提供如此容易地获取学术资源。

这种学习中心式图书馆在 2011 年成为人们非常需要的模式,也是大学社区成员寻求的那种模式。他们以这种新的图书馆运营模式为傲,这种图书馆运营模式成为香港及国际领先的榜样。

案例2:澳大利亚新南威尔士大学图书馆[①]

背景

该组织在过去的几年一直非常注重创新,但其稳定的工作人员团队没有一个人愿意考虑并接受改变。这个团队人员超过200人,平均年龄也已超过57岁。而图书馆的预算已不如往年,面临着未来的挑战。图书馆坐落在一个独立的建筑内,组织结构内部也曾经锐意创新,但目前却发现处于不同以往的互联网时代且战略方向不够明朗。图书馆各个部门之间的斗争使得图书馆很难超越过去的辉煌。新的图书馆领导试图寻找新的起点和方向,却发现只有阻力。情境规划过程中创造了三件事情。首先,图书馆工作人员与大学社区以公开对话的方式进行交流,稍微从防守的态度开始思忖变革的需要。很显然,学校发现这些员工与图书馆之间是如此的不匹配,并强烈提出了这些意见。其次,情境规划过程再次公开开发了图书馆未来的三个可行方案。这些方案描绘的不是未来的可能性,而是三年内可以实现的三种未来。在一定程度上,大学的管理层和图书馆都可以选择一种未来去推进。最后,通过面向未来制定这一过程,以及向社区全面公开的方式,它以一种从来没有的方式强化了权力。这种强化使得图书馆发现自己在数字世界里获得了更大

---

① 已经安德鲁·威尔斯(Andrew Wells)授权。

的话语权。很显然,数字世界使个人在他们的环境产生了更多的变化。所以,一旦出现政治上的风险,由于社区在方向选择上的参与,他们将认为其能够通过在规划过程中的权力影响图书馆的方向。

在规划过程结束时,该图书馆确定了名为"学习村"的一个方案。方向上的公开阐明获得了社区和管理层的同意。图书馆工作组开始定义这些变化所蕴含着的任务。他们描述了这些变化将对工作人员产生的效果以及需要实施的新的设想。规划过程取得的成就是如此之大,但是,就像一件衬衫里面朝外穿而让旁观者对着装产生非常不同的看法一样,方案规划是图书馆工作人员将他们对图书馆的意见由内而外的表达①。

情境 1:未来的创新服务模式

该校图书馆选择了继续扩大馆藏,以确保馆藏是该馆努力的重点……其中一些馆藏是其引以为豪的。该校图书馆试图允许所需空间的极大扩展,以在阅览室读者迅速减少的情况下容纳庞大的馆藏。该馆购买的书刊量极多,还有广泛的捐赠资源(其中大部分尚未编目)均高速增长,同时预算甚至在减少,以至于该馆在新南威尔士州的大学图书馆中座位数量最少。

图书馆建筑在实体上已经被分割为各学科的巨大的资料储藏室。通过图书馆查找信息的复杂性并没有减

---

① O'Connor,S(2009). Steering a future through scenarios: into the academic library of the future. *Journal of Academic Librarianship*,35 (1):59.

少。被用作计算机工作站和团体研究区的空间亦十分有限。经常可以看到用户在书架间的廊道里徘徊寻找材料。工作人员的业务也变成了收集和分发服务以满足用户需求。

为满足用户在家中进行信息查找需求的技术越来越难,图书馆不得不在馆藏、工作人员和学生非到馆服务需求模式上进行妥协。在确保提供尽可能多的信息的同时,校园图书馆分布变得更加分散。

数字服务尚未完全取代实体馆藏,一些资源的格式仍然是印本形式与数字形式并存。由于空间原因,有必要安排馆员在学院而非馆舍内提供服务。这些馆员在学院提供课程支持以及信息素养教育服务。信息素养培训通常在学院的设施中进行,因为图书馆无法在其空间中提供这些场所。图书馆努力兼顾服务需求、员工能力和信息采集这三项工作。由于人员分散,预算分配也极其复杂,但图书馆各部门对于支撑如此大量馆藏所需的资金需求仍然很强烈。

该校图书馆在创新和服务学术界和图书馆用户需求方面的悠久传统,已经使这种服务模式成为目前的首要事务和面向不确定的未来的出路。

情境2:看不见的图书馆

该校各部门已完全实现数字交流、存取信息和日常工作。学生确实喜欢完全通过笔记本电脑学习课程,并完成作业。他们自然地希望以数字化的方式收到课程大纲和其他材料,并以同样的方式提交作业。他们的文章在评估过程中采用电子抄袭检测的方式,从而判断其文章是否可以通过。这是根据图书馆专家衍生的一项新的增值服务。许多学生很少到校园里来，即使到学校来也是为了社交而不是学术。

教研人员的情况也类似，他们在家利用互联网工作或科研，进行学术创新和信息交流，通常他们的讲座也是通过网络远程实现。该校图书馆已经适应了这种方式，通过剪辑其馆藏，将最常使用的材料尽可能通过网络提供。它已经授权剪辑那些利用率低的馆藏并整合，以保证为需要的读者提供所需的数字资源。该馆还致力于建立有效的合作伙伴关系，使图书馆用户能够通过网络以数字形式直接访问比本校所实际"拥有"范围更广的（外馆）"馆藏"。用户对于任何资源都能及时传递到他们的桌面非常满意。该馆已通过谈判确保用户在 24 小时内获得竞争激烈的学术专著资源，而这在以前是无法实现的，现在则是通过学术研究领域的合作来实现的。

用户在线学习信息素养课程，并在特定馆员的帮助下学会理性分析、过滤和浏览大量信息，这些图书馆员可以在家里、办公室或任何地方工作，以协助教职员和学生通过信息实现成功。对于课程时间紧迫的学生来说，还有一些收费的增值服务可供选择。由于确保最优的信息门户发展路径，图书馆工作人员的技能具有显著差异。用户访问的信息是一个复杂的、经由技术熟练的专业信息人士通过合约安排的网络。

单个信息单元的成本更为低廉，这使得图书馆能够更多地投资于导航技术、合作伙伴关系和资源库。目前该馆有着一个与学院密切合作的真正的 24/7 全天候运营体系。它占用比往常更少的物理空间，但从另外的意义上来说,它却是无所不在的。

情境 3:学习村

马歇尔·麦克卢汉的"学习生活"公理对新的大学图书馆的运营一直有着强大的促进作用。它赋予科研人群以高度的创新能力。它为学术界创建了一个学习空间,使数字和模拟信息在其中实现交互。该校图书馆已建立真正的协作学习工作空间,在这个空间中用户能够获取所需的相关信息,同时信息来源亦非常广泛,并不局限于某一学科。一些哲学的思想已被证明能够促进生物学的发展,而商务人士也都从工程结构中获得了通用模型。协作学习工作空间作为一种支持战略,已经吸引了国际社会的关注。

事实证明交互学习已经使以前相距甚远的学科之间实现了合作,创造了新的国际研究领域和学生学习的领域。这些空间非常灵活,配有无线网络和其他新兴设备,使所有用户都能感觉像在自己家中一样舒服。这些空间强调功能分区,而不是学科。在互联网环境中这些都在无缝运行,但新南威尔士大学的学习村却有它独特的特点。

认识到了信息需求的不断变化,学习村在商业和教育部门均已建立了信息供应商网络。所有的服务都属于新南威尔士大学,虽然不一定由它来提供。研究人员根据经验得知,他们目前的信息环境更加具有动态性,以促进知识发现。然而,学习村有助于亚洲/大洋洲学术信息的提供及创新。

该地区的工作人员由信息学习专家(ILS)组成。像学习村一样,他们面临的挑战不只是获取信息,而是使他们能够为教育所用。对于应对这样的挑战,这些专业人士的年龄已经偏大。他们通过服务和信息来推进新南威尔士大学教育及科研的影响力。衡量的标准并非其拥有的实体书刊数量,而是其提供的信息能够适应学习情境并解决问题。学术界通过寻找促进教学和科研的方案在这种环境中前进,并在复杂的研究问题有眉目时雀跃。这所大学的学生和研究人员都认识到,自己的未来既不被过去或现在束缚,也不被图书馆束缚,虽然图书馆服务已经很周到并充满活力。

表 9 – 1   情境输出属性

属性	当前主流模式	看不见的图书馆	学习村
馆藏	自有……模拟和数字,但基于校园	大部分接口……基于远程资源和数字化	拥有高使用率和签约访问
馆藏重点	部门/学院所决定	侧重电子化而非物理服务;大多数为数据库	服务;基于研究机构的信息;广泛的研究支持
服务	现场资源获取;基于学院的信息素养和课程支持	合同约定成本和传递方式;尽可能为数字化传递	与教学项目和研究重点链接
服务重点	传统馆藏	集中为数字化	学习资源

续表

属性	当前主流模式	看不见的图书馆	学习村
实体建筑	馆藏扩充需求；用户空间较小	大部分现有建筑转交给大学使用	重新规划的资源获取交互学习空间；其他虚拟馆藏
人员	通过馆藏服务和远程传递进行分配	真正意义上的专业和在线	新技能通才
财政资源	资金集中于影响全学院的部分	几乎仅有资源和运营	与学习区域共享资金；研究和运营价值更佳

案例3：澳大利亚墨尔本 CAVAL 公司①

背景

CAVAL 是 1978 年于澳大利亚墨尔本建立的一家联合体机构，其成立初衷是为维多利亚州的大学图书馆联合编目而建。随着时间的推移，联合编目业务已由澳大利亚国家图书馆发展为国家书目。在澳大利亚公司法的框架下，CAVAL 成为一家公司。创建情境时，该公司已开展一项多语种编目业务以及利用率较低的资料存储业

---

① 欧书亭著，已经 CAVAL 董事会许可。

务。公司董事会正在寻求更稳定及可持续发展的道路,他们同样对降低图书馆运行成本感兴趣。新任 CEO 进行了情境规划训练,绘制了三个可能的情境,本书只采用了最终的情境,该情境建议为公司重新命名,在推广时,运用"CAVAL 合作方案公司"这个名称,而"CAVAL 公司"这个名称在涉及法务及公司事务时使用。

情境

CAVAL 合作方案公司是由 CAVAL 发展而来的有活力的公司,其客户群包括澳大利亚、新西兰及仍归维多利亚女王管理范围内的博物馆、画廊、档案馆及图书馆。21世纪初,这些机构的服务质量、成本及业务范围得到了较好改善。该公司定位于为包括公共图书馆及专业图书馆服务在内的更大范围的信息机构服务。

新公司的成立使得用户得到了更好的职业发展机会以及享受增值服务、会费降低等优惠。CAVAL 合作方案公司使其产品及服务在得到了扩展的同时核心服务并未缩水。这些服务随着时间推移一直在扩展且仍是该机构的核心业务。

在 CAVAL 合作方案公司成立的早期,该公司增加了一系列的新服务,包括与其他机构合作培训及咨询服务,灾难管理及恢复服务也广受欢迎。服务的多样化为新市场的开拓及新技术的引进提供了资金储备。

CAVAL 在维多利亚州的成功很快吸引了澳大利亚乃至新西兰和亚太地区其他图书馆的兴趣。多家图书馆的参与无疑使得馆员、学生、科研人员及整个行业运用技术及传递系统获取更多的纸本及电子资源。新服务及新技术意味着向用户提供透明的服务,这也培养了更加强有力的文化。

CAVAL 合作方案公司不仅能够直接将服务传递给用户,该机构还运用新技术使其成员推广自有品牌产品,这样成员馆就无须增加基础设施方面的成本以集中知识及经济资源提供高水平的服务。

CAVAL 合作方案公司在图书馆界的成功也吸引了其他文化机构的兴趣,这些机构同样在财政紧缩与资源需求上涨中寻求效益。

CARM 仓储存储了几百万卷的印本及电子资源,是国家仓储系统的组成部分,也是其他文化机构如艺术馆、博物馆和档案馆资源的高新技术仓储。该仓储旨在为各地用户提供信息,包括数字信息及模拟信息,目前已经实现提供数字图像及索引服务,而这也是急需的服务。

目前 CAVAL 合作方案公司正着力向边缘技术方向投资以管理资源并向用户提供服务。CAVAL 合作方案公司的经验已经赢得了很多与信息管理、信息咨询领域的合作机遇从而形成高回报的商机。

CAVAL 合作方案公司还赢得了与澳大利亚多媒体网络公司的合作机会,这对 CAVAL 及其客户都是新机遇与新方向。

CAVAL 合作方案公司的规模、辐射范围和创新性还确保该组织在图书馆及文化网络中起到关键和平等的作用。

CAVAL 合作方案公司的口号是新服务、战略合作与新客户。

案例 4:SOLINET 情境①

背景

SOLINET 通过 E-mail 邀请成员参与讨论,能够参与讨论的成员会在正式会议之前收到三个图书馆情境的材料,情境规划以 3—5 年为限,不考虑具体的图书馆类型或规模。

讨论组规模一般为 10—20 人,过程如下:

(1)成员概况介绍、讨论宗旨、情境规划环境介绍。

(2)分为三个小组,每组分别讨论一个情境并回答如下问题:

①情境的哪些方面是图书馆未来 3—5 年有可能发生的?

②哪些方面是不可能发生的?

③有没有哪些漏掉的环节?(如情境中未提及的有可能发生的变化)

(3)各小组汇报讨论情况。

(4)各小组讨论"SOLINET 如何帮助图书馆实现未来目标"。

每组讨论都有记录及图表,最终汇总成一个报告并以电子邮件形式发送给与会人。

---

① 已经凯特·内文斯(Kate Nevins)、Solinet/Lyrasis 同意。

情境1:转向前沿

对于全力服务社区的图书馆,资源(人员、馆藏及空间)等都重新分配以配合服务方面的目标。馆员尤其关注前端业务以确保图书馆与用户需求息息相关。图书馆正将常规业务及重复性业务外包,同时,与非图书馆机构的合作也在增强以在图书馆的环境下更好地满足用户需求(如大学图书馆与咨询及技术部门合作以更好为学生服务,公共图书馆与当地政府机构合作以扩展服务内容)。

馆藏是模拟资源与数字资源的混合体。图书对于大多数用户来说仍然举足轻重,其中使用按需打印服务以印本形式获取数字资源占据了大部分。图书馆已经意识到利用率较低的文献的存储成本问题,因此着力以离线方式进行存储。这种形式不仅更经济,也节省了用户服务空间。

对于管理层来说成本是一个重要问题,平衡规划与开支是非常重要的。由于图书馆更倾向于了解其信息及服务需求的常规供应商,因此在决策时成本就是主要的考量因素。为了达到预期,图书馆则依赖于相似机构的评估,并从用户处获取反馈以提供有关投资回报的报告。

(1)服务用于满足需求并向特定区域用户负责;

(2)技术用于支撑服务并重构传统图书馆功能以降低成本;

(3)馆藏用于满足用户的迫切需求,自有资源为主,馆际互借为辅;

(4)馆舍即社区并以服务为导向,即使是资金短缺;

(5)馆员适应技术,在服务管理、评估及合同方面配备专家。

情境 2:Lithe 实体及数字图书馆

2010 年该馆实体馆藏已经紧缩,但其以多媒体图书馆前所未有的规模建设数字资源,包括纸本资源、音乐、艺术、数据库和游戏等,其中有原生数字资源,也有模拟格式资源。图书馆越来越成为数字资源仓储。虽然很多用户并不到馆,他们从家、办公室或教室获取图书馆资源,但还是有相当大部分用户到馆舍从事合作性工作、利用学习空间、进行社交活动及获取社区服务等。虽然有实体图书,但大多数资源还是数字化的。

在财力有限的情况下,对其未订购资源,图书馆以数字传递方式提供服务,这使以前只能通过纸本获得的资源也能够以数字形式传递。纸本资源的大量数字化回溯建库对很多图书馆来说仍然是经济方面的挑战,但数字化转换对于急需且具有价值的资源还是可行的,如本地特色资源。数字化和技术使图书馆资源不再受区域限制而能够到达全国甚至世界范围。

该馆在人员安排上很灵活以确保专业人员在需要时能够起到作用,这样能够为更广泛的用户提供优质服务,包括学习方式及服务预期都与其他群体不尽相同的年轻一代。随着技术及用户预期的变化,图书馆为保持领先花费了大量资源。虽然对物理馆舍及存在的意识很强,但图书馆还是逐渐认识到越来越多的服务和资源是通过远程获得的,如在家和办公室等获得这些服务和资源。用户会结合使用图书馆资源与网络资源并能对其来源进行评价。

（1）服务主要以数字化方式提供，用户包括本地与远程；

（2）技术是图书馆提供服务及用户获取服务的基础；

（3）馆藏主要是电子化的，印本以其他模拟方式也正数字化；

（4）馆舍很重要，是用户的社区中心，也是馆员和技术赖以发挥作用的基础；

（5）馆员运用前向思维成为信息技术的引领。

情境3：合作的、用户驱动的图书馆

图书馆服务越来越个性化以满足用户个体需求。用户在图书馆服务过程中的作用越来越强，也是图书馆服务及业务的主动参与者。图书馆在提供服务方面与用户合作，也与本地及区域其他图书馆合作以满足不同用户需求。

图书馆与用户合作的基础是图书馆资源及网络资源的高度整合。用户可以通过Google、Yahoo等搜索引擎而并非通过图书馆目录检索图书馆资源，通过这种方式，图书馆被虚拟地链接了起来。

随之而来的是图书馆技术服务的改变。目前图书馆获取的资源都已进行了预加工，因此传统编目业务不再需要大量人员。目前的图书馆编目业务大量运用国际组织定义的基础元数据以确保网络搜索服务的资源发现，图书馆员很容易直接通过Google或Yahoo查询其目录及馆际互借业务，区域网络还能够提供项目间的合作。同时，分众分类大量运用也是个性化用户服务的体现。这种个性化服务还体现在馆藏发展方面：越来越多的资源

是通过按需出版及定制需求获取的。

图书馆员作为技术专家,致力于在图书馆服务中开发并运用新型工具加强用户合作信息交流,这其中大多数都是开源工具。馆际合作促进了开源的发展及互操作性。

(1)服务以数字化形式为主,用户参与性较强,图书馆是信息服务的合作者及提供者;

(2)技术由图书馆开发并支撑用户服务,技术使图书馆内部流程简化并支撑用户及图书馆间的合作;

(3)馆藏以数字化为主,租用为主购买为辅,资源选择及购买决策通常由用户驱动;

(4)馆舍为图书馆提供基础设施支持并提供合作的工作空间;

(5)馆员将技术技能用于图书馆业务并建立用户间的合作。

案例5:公共图书馆①

图书馆在社区中的作用

接下来要探讨的情境包括两个重要趋势:图书馆的资金和图书馆对于用户的作用。假定图书馆遭遇财政削减,那么这些情境指出了三个方向:图书馆与社区相关性的增强;相关性的稳定但服务更虚拟化;图书馆相关性的降低。

---

① 卡尔·谢普德(Cal Shepherd)著,此情境的运用已获得Lyrasis 的许可。

相关性的增强

经济危机引起了财政资源的枯竭,图书馆资金也出现下降趋势,但是用户仍在利用图书馆。对于大部分人来说,买书、家庭电脑、电子书阅读器以及获取数字资源的费用仍是很大的障碍。数字资源的重要性正在持续增强而图书馆是获取此类资源的很好选择。同时政府提供的服务及其他公共服务越来越趋于网络化,图书馆也被视为获取这些服务的渠道。

目前所有图书馆在购买资源方面都是纸本资源数量持续下降而数字资源持续上升。物理馆舍越来越多地作为用户聚集的物理空间,如作为社交中心、群体学习中心等。图书馆提供当地需求度较高的学习项目,通常被视为社区服务及教育的有力合作者。图书馆定期进行评估,一方面是为了解服务需求,另一方面作为评估投入产出的数据(Return on Investment,ROI)。

在公共服务方面,图书馆投入大量的人力资源,但在技术服务部门的人力削减却带来了较大影响,因此图书馆不得不将越来越多的终端业务外包,同时直接对用户的服务却在扩大。技术相关业务量的缩减与用户资源捐赠及创建的增长量保持平衡。

图书馆在社区提供服务,被视为是服务中心而不仅仅是信息资源。

相关性的稳定/更加虚拟化

图书馆继续作为信息资源为社区提供服务。用户越来越多地远程利用图书馆获取虚拟化服务,而不再是利用到馆服务,这促使图书馆目录及网站页面的用户友好性更强。

此外,图书馆馆藏也越来越虚拟化。除期刊及报纸之外,每一本印本资料都是通过网络实现用户服务或馆际互借。虚拟馆藏的增加节省了图书馆馆舍空间,因此大量空间被扩展为用户服务空间。图书馆提供网络论坛及在线课程,书友会及虚拟论坛都很受欢迎,其在网络时代的服务更主动了。到馆的读者可以实现自主服务或是利用图书馆安静的学习空间。

虽然图书馆没有人力资源发展及培训经费,但人们所需的技能却在不断增多并发生着日新月异的变化。由于重视虚拟化服务,图书馆越来越依赖于志愿者作为常规馆员的补充,目前年轻一代的用户已开始运用 Web 2.0 方式在图书馆虚拟服务方面给予帮助。同时,这些用户不同的服务预期也给图书馆带来了压力。

图书馆对于用户来说是信息资源,无论是否通过图书馆员,用户都希望获取正确的信息。

相关性的降低

美国人花在阅读上的时间正在逐年下降,因特网、手机、音视频设备成本急剧下降,数字资源让人们无论何时何地都能获取,技术进步使得交互式教育无论在宿舍还是家庭都能够像在教室一样方便获得。由于到馆人数减少,图书馆看起来似乎和社区群体越来越不相关(电子资源除外)。决策者总是把资源用于更紧迫的行业,而导致用于图书馆的资金持续下降。纸本资源、员工人数在下降,也不会再建新的馆舍,图书馆服务举步维艰。

当图书馆不能满足用户需求,用户预期就会下降。图书馆通常被视为书籍的仓储——无论这些图书是否有人利用。图书馆与以退休人员为主的志愿者群体有着较好的关系,这些人爱书并愿意为图书馆藏书的保存出力。图书馆馆舍通常被用作大型活动的场地,如领导就职典礼等。

图书馆员还在继续编目并提供服务,但是越来越多的用户远程获取电子资源。由于到馆人数下降,图书馆的咖啡馆也已停业。公共检索电脑与学习空间很受用户欢迎但利用率并不高。

图书馆被视为历史文化资源(类似博物馆),用户对于图书馆服务的预期正在持续下降。

案例6:图书馆联合体的发展①

情境1:美国的联合体

中央财政资金投入在州际图书馆联合体资源建设及服务方面的增长提升了这些机构向图书馆服务的能力,不论是公共图书馆还是私营图书馆都是如此(私营图书馆通过购买而非谈判获取资源)。对于图书馆来说,求助于本州内的联合体要比在不同的联合体之间寻求服务容易得多。

---

① Solinet/Lyrasis 供稿,已经 Lyrasis 许可。

因此,联合体都是在本州范围内建立并提供服务的。局部联合体要么停业要么在州际联合体管理下运行,区域性联合体已经消失,目前是州际联合体之间相互合作,彼此之间无竞争或是竞争很小。

州际联合体成员在业务及资金管理方面进行合作,如 LSTA。州际联合体进行集中决策,在组织机构上一般依托于州政府机构,州内图书馆自动获得会员资格。服务项目由本州内图书馆需求而定,因此各州不尽相同。这些服务项目可以包括资源许可及共享系统、文献流通及传递服务、共享技术系统(ILS、OPAC 等)、数字化和继续教育等。州际联合体服务于公共图书馆、幼儿园及中小学图书馆、大学图书馆等,有通用服务也有区别服务。

(1)基础设施:正式的组织,一般由州政府机构管理;

(2)服务辐射范围:州的范围;

(3)会员资格:州内所有图书馆(自动获取会员资格);

(4)资金模式:州拨款及联邦资金管理(LSTA);

(5)服务项目:州内资源共享、继续教育、文献传递、技术支持(适用于共享系统)。

情境 2:联合体趋于合理化

联合体内部众口难调以及财政紧缩对图书馆参与联合体活动具有一定的阻碍。出于合作的考虑,图书馆一般只参加一两个最直接相关、最能实现利益最大化的联合体。同时,在州的层面进行业务整合,如通过州内合作网络进行基础的电子资源采访,这意味着过去通过单个联合体获取服务变为如今通过州级机构获取。这样做的结果是图书馆通过两种方式纳入联合体合作：一种是自动方式，如州际联合体、州内合作网络、州内机构等；另一种是个体合作，即通过本州不能提供的服务项目合作。

州际联合体提供州政府资助并要求进行的具体项目服务。这些项目每个州各异，但是限定于该州内图书馆共性业务之中并在州内组织及获取资助。这种关系对于州内的图书馆是自动获得的并通过州财政提供服务。

基于项目的联合体是独立的机构，不受地域范围限制。它们的宗旨是满足成员馆的共性需求，尤其是通过本地组织不能满足的需求。是否入会由图书馆视项目及服务需求而定，如集成系统共享、数字化、特色资源采访、资源共享等。这种联合体目的、宗旨、服务等都很明确，资金来源为会费、捐赠等，工作规划也由会员起草。各联合体之间对于会员的争取以及图书馆不能同时加入多个联合体的现实使得实力较强的联合体为数不多且核心业务很少重叠。

（1）基础设施：正式的组织；

（2）服务辐射范围：有些以州为基础，有些以项目为基础，没有明确地理界限；

（3）会员资格：州际联合体为自动获取，基于项目的联合体由各图书馆自行决定；

（4）资金模式：州际联合体的资金来源于拨款，基于项目的联合体资金来源于会费等；

（5）服务项目：州际联合体为州内图书馆业务，如资源共享,基于项目的联合体关注于成员馆兴趣领域的合作,如数字化或图书馆集成系统共享。

情境3:网络联合体/联合体2.0

联合体在 Web 2.0 时代得到了扩张,在这个时代,社会网络使图书馆之间的关系在草根层面得到了发展。人们能够与世界各地的投缘者发生联系,形成正式和非正式的联合体。由于人们兴趣的变化,这种联合体环境极不稳定。很多非正式联合体还随着新技术发展而发生急剧变化。

大多数联合体是非正式的。图书馆参与非正式联合体一般是因馆员兴趣而起,相关人员若离职,则该馆极有可能不再参与此联盟。非正式联盟一般基于志愿者运行,在业务方面,资金由各馆直接筹集,由联合体代表这些图书馆进行联合采购。

这种联合体很少有正式的,为数不多的正式联合体也都是独立的组织机构并且具有极强的灵活性与适应性,还代表成员馆积极参与创新。联盟合作以图书馆为单位,其资金来源包括会费和捐赠等。成员馆的参与具有直接的收益,联合体负责招募会员。在共同业务领域,各联合体对于成员馆的争取是很激烈的。除了评估向成员馆直接提供的产品和服务,基础设施也是评估正式联合体的重要指标之一,从基础设施中可以看出未来联合体提供服务的能力。正式联合体也向部分非正式联合体提供基础设施支持。

(1)基础设施:多数非正式,少数正式;

(2)服务辐射范围:一般无区域限制;

（3）会员资格：个体自愿；

（4）资金模式：多样化，多数非正式联合体完全由志愿者资助；

（5）服务项目：多样化，包括产品、服务、信息交换等。

第十章　变革的实施与影响[①]

关于本章

本书已阐述了情境规划的方式。我们可将情境规划作为决策工具，作为战略规划工具或者作为组织机构发起或准备变革的工具。决策和战略规划本身已包含变革的因素，因此本章主要探讨组织机构变革的相关问题。虽然情境规划已包含上述很多问题，但仍有一些需要注意。

变革、破坏与重建

我们生活在一个动荡的时代。一个沉睡了 15 年的人醒来会对我们所生活的世界发生的变化表示震惊；那么如果沉睡 25 年，就会对世界的变化目瞪口呆了。其他时代也是如此，信息时代就更日新月异了。最近笔者收到一封定制的来自银行的电子邮件，邮件催促笔者放眼未来进行投资，他们考虑的是近期金融危机所带来的不确定性。他们以情境规划这种方式来吸引注意力。正如本书所提及的，我们每天都在进行着规划行为，这种规划

---

① 苏德毅著。

涉及的情境创建过程帮助我们做出确定的选择。尽管如此，在某些情况下，我们还是认识不到这些选择的影响。由于大多数情境规划都是像刚才的电子邮件所提到的一样"放眼未来"，但是未来的不确定性是不能被忽视的，它们可能会对情境规划的整个过程产生深刻的影响。可是现实生活中我们如何超越这些不确定性之外进行规划？

　　本章阐述的两个重要问题是变革的不可避免性以及我们的决策能力，因此应承担并影响变革，但近期全球发生的灾难性事件却质疑了这种观点。2004 年的海啸以及 2010 年海地和智利地震的破坏性被低估了多少？考虑到灾难的程度，显然并未被评估。但是即便是为最小的灾难所做的准备，这也是情境规划的形式。通常做决策的过程是这样的：灾难的类型、破坏性如何、我们在资源方面准备的如何。在《香港大学领导力学院》①年刊中，变革通常都是主要的议题。在非正式项目中，参与者在一项案例研究中被分为小型的密切联系的小组，进一步挖掘正式项目中的议题。近年来这项案例研究模拟了大学图书馆所遭受的总体性破坏，参与者被要求重建图书馆，图书馆的物理实体属性尚未明确，对大学图书馆重建的探讨主要是围绕其构成以及未来的走向。当然，仅仅是目前的重建计划是很简单的，这也是部分参与者的思维方式。但是基于目前需求规划未来，这种方式可取吗？若用三四年或更长的时间建设图书馆，那么届时也会过时了。像上述案例研究的参与者，很多人都愿意选择更

---

　　①　The University of Hong Kong Libraries(2010). HKU Libraries Leadership Institute. http://lib. hku. hk/leadership(2010 – 03 – 18).

容易接受的方案，但未必是最好的。尽管是人工环境，如研讨会，我们一般都不愿接受与我们的业务不一致的变革。

为什么大多数人如此不愿意接受未来的变化？这是我们该有的态度吗，或者仅仅将其视为管理者的职责？这些问题没有直接的答案，应认识到把情境规划作为变革过程并不一定确保成功，还应有进一步考虑。

变革的人文要素

在任一组织的变革过程中，管理者需要考虑的首要因素就是组织机构的人力资源状况。这包括两个方面：一方面是个体人员状况及其对变革的反应，另一方面是组织文化。若不对定义、变革的方面、变革的演进以及可能发生的变革进行界定，组织机构的变革就是不可能发生的。很多关于机构文化的定义都有相似性。艾德加·施恩（Edgar Schein）从很多角度对文化加以定义（Schein，1985），其中与组织变革最相关的论述如下：

"组织成员共同的理念与价值观通常在机构内部是无意识的，也是理所当然的。"

首先我们探讨一下变革的人文要素，即组织文化。大多数的情境规划是以群体的形式进行的，本书中的案例都强调了交互性的重要性。交互性是情境规划过程的重要因素，这是由于人们的参与程度影响着对于后续实施及变革的接受程度。情境规划的实施作为群体参与过程,组织机构文化的影响是不可避免的。我们再来看施恩的概念,他强调了共同的价值观影响着组织及其环境以及运营方式,因此任何进行情境规划的管理者都不能忽视这些影响。

图书馆像其他组织机构一样稳定地保持着其组织文化,不同图书馆之间可能存在文化相似性,具体说来就是不同图书馆间同部门的文化具有相似性,但这并不是根深蒂固的,而是因为馆员都接受图书情报教育,很多馆员同时也是行业协会的会员,这些协会一般都有图书馆员职业标准,包括服务质量、信息获取平等性及道德标准。此外,图书馆界还有特殊的术语,这也能从某种程度上解释共性对于组织文化的影响。然而,组织机构的其他因素也应消除图书馆共同文化的概念。文化的基本理念也是长期形成的。馆舍的基本布局可能由高层决策但也会随着时间推移而发生变化。很多相似的机构也都有权力人士,同时还有非正式力量。换句话说,就是有些人虽然不在管理层但是对于组织行为却有着极强的影响力。这并不是说组织机构文化以及非正式力量的影响可以消除,即便我们考虑到长远的可能性,但仍需认可这些力量并尽可能消除其消极影响。因此,组织机构的领导非常有必要认识到组织文化的重要性,新成员的加入也会有利于在变革(开始情境规划或其他)开始之前有利于这种关系的发展。

从个人的角度来说,对于变革的回应完全是个人行为。有经验的、了解员工特质的领导会在预测个体对于变革的反应方面比较自信,但问题是过去的反应对未来的影响可能微乎其微。因此,尽管是个人行为,每个人对于变革的反应也是随时间而变化的。本书第五章展示了一个典型的组织机构变革过程。简要概括就是四个步骤,即安于现状、拒绝、混乱、变革。这四个步骤对于管理者来说都是变革过程中应经历的阶段。在个人层面,这些阶段可以重新理解为人文的反应,这些反应随后会影响组织。很多人(如 Elrod,Tippett,2002;Zell,2003)把个人及组织对于变革的反应比作伊丽莎白·库布勒-罗斯(Elisabeth Kübler-Ross)在其名著《论死亡和濒临死亡》(*On Death and Dying*)(1969)中阐述的那样。显然,组织变革不能与死亡相提并论,但是库布勒-罗斯所阐述的五个阶段对于任何实施变革过程中遇到困难的管理者都是适用的。这五个阶段是:否定、愤怒、协商、沮丧以及最终的接受。有趣的是,库布勒-罗斯1969年阐述了上述五个阶段,穆瓦利姆·依马拉(Mwalimu Imara)1975年在其著作的第六章同样阐述了这五个过程:在书中预言家以赛亚(Isaiah)经历了这五个阶段。文字记载的变革过程的困难可追溯到公元前700年,距离库布勒-罗斯的阐述有2700年的历史,对于当今时代的管理者来说这可能不是那么容易接受。

通过在情境规划过程中引进这五个阶段,能够想象出其中有的阶段对于这个过程可能产生破坏性的影响。开始阶段的拒绝使得管理者很快意识到相当一部分员工不愿意接受变革且看不到进行情境规划的任何价值。引进变革的重要阶段之一是创建变革势在必行的氛围。组织的经营发展、对员工聘用的持续性或者其他风险都应受到重视以支持情境规划的创建。科特(Kotter)(1996)就极力倡导这一点,他认为应注意改革的模式,这在他书的前三章进行了论述。科特模式中准备阶段第一步是建立一种紧迫感,紧迫感由支持变革的要素建立,这些要素可能来自于内外部的压力。组织管理者应确保这些压力能够传递给员工,这样就建立了紧迫感。明哲保身者可能只有抗拒,或对接下来的过程持怀疑态度。

近年来图情行业的变革可谓日新月异,这仅仅是开始,与其他行业立竿见影及具有毁灭性的影响相比当然应如此。试想金融领域,货币币值的波动以及价格可能会立马导致公司的停业甚至倒闭,图书馆行业极少面临这样的威胁。也正是因为如此,让人们相信变革的紧迫性,相信未来更美好是非常困难的。换句话说,由于我们行业一直以来的稳定性导致一定程度的安于现状,这很难建立紧迫感,而恰恰紧迫感的建立对于图情行业至关重要,这也是变革的重要一环。

为了营造变革的需求,必须向所有相关人员以他们能够理解的方式传达相关信息。这种方式应不仅能够让人们易于接受,还应有利于信息的传递。例如,在大型组织机构中,相同的信息可能会以不同方式和语言传达,如在大型高校图书馆,馆员的业务技术和学术背景使得人员结构具有多样性,这就是说一种信息需以多种方式传达。即便变革的紧迫性已经建立起来,也还是有必要继续沟通。很多作者都发现由于后续沟通、坦诚的沟通以及双向沟通不足,使得变革过程功亏一篑,这在情境规划阶段也是如此。尽管如此,在情境规划过程中的沟通尤其是语言风格方面,还应注意:很多情境规划是在公司进行,而公司的语言风格比较正式,术语、缩写较多,复杂、准确且严格,这与情境规划要实现的目标往往不相称,这些特征都不会有助于我们形成对于未来的憧憬。我们需要的是故事性的、憧憬型的、开放性的语言。

在任何变革阶段都不能忽视方式合适、持续有效的沟通所起到的作用,尤其是运用情境规划进行的变革。随着情境规划的推进,这个过程一般包含员工的广泛参与,对于未来的憧憬需要进行有效沟通以实现认知的持续性。这需要领导及所有参与人员都具有较强的沟通技巧,需要注意的是沟通技巧因人而异,因此还需要耐心及倾听技巧。

参与度

在组织机构未来发展方向上,本书第五章提出应吸纳尽可能多的人参与。在任何图书馆情境规划过程,员工的参与程度取决于情境规划的目标、组织机构的类型及其领导。在现代管理哲学中,参与型管理方式也有益于情境规划,其最明显的益处就是这种过程产生的决策更易于接受从而产生更好的组织效益和较高的员工满意度;此外,员工广泛参与还会产生更多的想法及解决问题的办法,在情境规划过程中,这一点尤其重要。本书第五章曾引用加德纳的著作《多重智商理论》(*The Theory of Multiple Intelligences*),在此,我们再对书中内容进行探讨以进一步突出员工广泛参与的潜在优势。在情境规划过程中,加德纳提到的七种智商(内务关系、人际交往能力、运动能力、音乐能力、空间能力、逻辑/数学能力及语言能力）通过提供不同类型的可能使得整个过程变得丰富起来。员工广泛参与到情境规划过程中还有其他潜在和长期的好处。如彻马克（Chermack）与尼蒙（Nimon）（2008）也发现参与情境规划的人群更容易展示出直觉型的决策方式。

此外，在恰当的环境中，鼓励员工主动参与到情境规划过程中来是回报性很强的，在这种情况下参与者更容易打开胸怀并产生共鸣。第六章对最佳情境的设计进行了分解，该章提到的七个步骤是较容易接受的逻辑系统过程。例外的情况就是部分馆员可能由于其一直以来的舒适环境有可能不复存在而感到沮丧。由于情境规划过程关注于未来，这些沮丧也可得到一定程度的缓解，员工很快就能够获得安全感。这种积极的局面能够有助于设计最佳情境的七个步骤设计参与性强的、关注于未来的最佳情境。消极的方面就是变革实施阶段，部分人员可能在一定程度上有被骗的感觉。但是，未来还是要发生的。

将变革进行到底

最佳情境能够产生令人满意的成果以及激发参与者的主人翁意识，但让人们参与到这个过程并不是最终目的。这部分过程无疑会产生必然的变革，但仍有一部分人不愿将这些变革转化为成果，这部分人包括未参与变革过程的人员，但还包括虽然参与变革过程，但是曾认为未来遥不可期现在却不得不面对现实的人。

关于组织机构变革和管理的文献很多，比较杰出的如前面提到的科特的著作。在图书情报领域，也有很多关于成功变革的文献。伊恩·史密斯（Ian Smith，2006，2008）回应了科特的很多观点，也提供了以图书馆为中心的特有的方案。很多变革学家力主实施变革应分几步走，这些步骤又可归为几个阶段，即准备、行动及着陆。一些与变革有关的文献的作者，包括科特和史密斯，他们都认为人们在中间阶段的注意力太多，而另外两个阶段即准备阶段和着陆阶段的注意力太少。

在情境规划过程中，人们普遍的观点是：如果管理得力，准备阶段应被包含到规划过程中，因为这是情境规划目标的一部分。行动阶段是当变革实施的时候很多管理者急于看到的，也是注意力花的最多的地方。上述列举的策略能够有助于组织变革过程的进行，其中很多已经嵌入到了情境规划的过程，但还需额外投入精力和资源。包括充足有效、目标明确、持续稳定的沟通；确保充分参与。该阶段的参与与情境规划阶段不同，情境规划阶段的参与旨在畅想未来，而该阶段旨在实现未来。因此，该阶段的参与主要是以下方式：有关如何影响必要变革的决策，有关变革时间框架的决策，人员角色分配等。这将有助于建立参与人员的归属感和主人翁意识。

变革过程的最后一阶段是着陆阶段。像准备阶段一样，该阶段也经常被管理者们忽视，或者在整个变革过程中的作用被低估。原因也是显而易见的：变革需要时间，而在最初阶段，或者行动阶段，对于已有的途径，管理者思想上会有一定程度的倦怠，一旦变革取得成功，也就有了成就感，一场长时间的攻坚战也宣告结束，局面也发生了变化。表面看起来当最可见的部分完成时,变革也进入了尾声,实际上这个过程并未停止(Smith,2008)。原因是一部分人可能存在一定程度的倦怠,很容易回到过去的轨道,一旦大家开始欣赏看似成功的变革成果,并与最终成果保持距离,而将注意力从管理层面移开,上述情况都是很可能发生的。注意力的缺失有可能使已经取得的成功付之东流。

有两种途径可以避免半途而废的影响。首先是坚持,对于变革始终保持敏锐,但是现实情况是管理者都很繁忙,这对于他们紧张的日程来说不太现实,况且,何时可以放松警惕也不得而知。另外一个途径是进行客观的评估(Smith,2008)。史密斯认为,有些问题必须搞清楚,如"是否达到了预期收益""变革处理方式的经验教训""如何做得更好""还有什么未尽事宜"。需要注意的是评估必须客观中肯。对于管理者来说,虽然享受看似成功的变革确实令人振奋,但是通过观察和评估不能完全嵌入变革过程也会导致时间、精力和资源的浪费。不仅对于管理者如此,对于这个过程中的所有人都是如此。最后,对于那些希望变革的人群来说,将会有愤懑情绪以及对于管理者尊敬的缺失。

变革与情境规划

本书已反复阐述变革是既定的存在。变革是非常规性的、非持续性的。换句话说,变革有可能是颠覆性的、破坏性的,也可能是琐碎的或者渐进的,这给组织机构尤其是管理者带来了困难,即应尽力考虑到变革的迫切性,因为我们不能墨守成规。本书绘制了变革的蓝图,而不拘于变革是琐碎还是深刻。实施情境规划过程对于图书馆或其他组织机构来说都非常具有前瞻性,但是也非常耗费精力和资源。也正是因为如此,情境规划作为变革过程的投入不能与其他方面割裂开来,然而对于管理者来说,变革的回报也是非常可观的。